JN438003

꽃길에서 생긴 일

글·그림 이경자

문학공원 수필선 43

꽃길에서 생긴 일

글·그림 이경자

문학공원

〈책을 펴내며〉

일몰의 중심에도 희망은 있다

달리던 승용차를 세우는 경찰이 있다. 관성으로 밀려 저만큼 멈춰 선 차 속에서 운전하던 사람이 몹시 허둥대며 안전띠를 당겨 대각선으로 장착한다. 급하게 차는 세워 놓고 막상 경찰은 너무도 천천히 걸어와 똑똑 창을 두드린다. 창문을 내리자 그는 착 가라앉은 저음으로 “Too Late”라고 말했다. 운전하던 이는 그 남자의 선글라스에 되비친 자신의 비굴하게 웃는 모습에 스스로 화가 났다.

이런 경우에 안전띠 매는 게 늦은 것은 법으로 제약을 받아야 마땅하다. 하지만 한참 늦은 나이에 글을 써서 뭔가를 이루어보겠다는 노욕은 법을 어기거나 질타를 받을 일은 아님을 알지만, 소식을 접하자 벌게지는 얼굴과 뛰는 가슴은 어쩔 수가 없었다. 매일 ‘이건 이래서 못하고, 저건 또 그래서 안 된다’며 노년을 정리하며 가지치기 하던 나에게 아주 신선한 충격으로 다가왔다.

저물녘의 나그네는 너무 먼 곳까지 바라볼 필요가 없다고 한다. 내 나이 일몰의 중심이긴 해도 희망을 심어본다. 미리 안전띠를 바투 매고 모든 게 나에겐 “Too Late”라고 생각했던 스스로에게 결코 비굴하지 않고 당당하고 싶다. 넘어가는 해가 더 뜨겁다는 것을 나처럼 머뭇거리는 많은 이들에게 보여주고 싶다.

분에 넘치는 사랑으로 출발선에 세워주신 김순진 대표님과 격려해주신 전하라 편집장님께 깊고 무거운 감사를 전한다. 개인적으로 힘들어 할 때마다 신발 끈을 다시 여며주며 어깨를 다독여주고, 출판사와의 좋은 인연을 맺도록 거리가 먼 나를 대신해 더위에 애쓴 이길자 언니에게도 사랑을 전한다. 늦은 시간 연필그림을 그리다 어린아이처럼 징징거릴 때 4B연필 두 타스와 지우개를 사들고 집에까지 찾아와 격려해주던, 그리고 이런 일들이 꼭 그림 때문이 아니란 걸 잘 파악하고 있는 클라라 내외, 조니와도 이 기쁨을 함께 하고 싶다.

A4용지 사분의 일 쯤의 내 글이 주보에 실린 날, 집으로 돌아오는 길, 어머니는 조수석에 앉아 내 귀밑머리 귀 뒤로 넘겨주시면서 아버지를 닮아 글쓰기를 좋아하는데 꿈을 못 이뤄주어서 미안하다 하신다. "엄마가 왜 미안 해, 될 사람은 지가 알아서 다해요." 너무 어릴 때 돌아가셔서 얼굴도 기억나지 않는 아버지는 작가는 아니었는데 가끔 장편소설을 응모하셨다고 한다. 하지만 번번이 아무개 씨하고 불러서 나가보면 퇴자 맞은 원고 뭉치가 대문간에 떨어져 있곤 했었다는 말을 엄마한테서 여러 번 들었고 들을 때마다 우린 웃었다. 형부는 이십여 년 전 이민 떠나오던 날 공항에서 힘들어도 일기를 꼭 쓰라며 나중에 책 내준다더니……, 얼마 전 어머니도 형부도 세상을 떠나셨다.

"너 한번 책 내봐. 너는 해낼 수 있어. 니가 아버지를 젤 많이 닮았잖니?" 칭찬을 잘 하는 언니의 말에 늙은 고래가 춤을 췄다. 나를 여럿이서 춤추게 했다. 두 분의 영전에 이 책을 자랑하고 싶다. 그동안 나를 알고 함께 걸어온 모든 분들에게 머리 숙여 감사의 인사를 전한다.

2019년 10월 뉴질랜드에서

뉴질랜드에서 이 경 자 배상

〈서문〉

이국의 땅에서 피어난 고통과 애증의 꽃

김 순 진(수필가 · 문학평론가)

“수필은 연이요, 학이요, 백자연적이다”라고 피천득 수필가가 말했다. 사소한 일상에서 시작된 이야기가 연꽃처럼 아름답게 펼쳐지고, 학처럼 우아하게 날아가며, 백자연적처럼 그윽한 심성을 가지고 있기 때문인데, 이경자 수필가의 수필이 그렇다는 생각이 든다. 수필의 종류에는 중수필과 경수필, 즉 미셀러니와 에세이가 있다면 이경자 수필가가 써내고 있는 수필은 경수필, 즉 에세이인데 신변잡기에 속하면서도 사람에게 반성과 성찰의 기회를 가지게 하는 수필들은 은은한 감동을 준다.

수필의 궁극적인 목적은 세상 관조를 통한 자아발견에 있다. 인간에게 자연만큼 좋은 스승은 없다. 인간의 생로병사는 인간 스스로만 생각할 때 자연에 비해 정말 나약하지만, 자연과 동화될 때 그 거룩함에 동참할 수 있다. 다시 말해서 자연을 거스르지 말고 자연을 관조하고 자연에 동화되며 자연을 스승으로 여길 줄 알아야 하는데, 이경자 수필가는 그를 실천한다. 에세이란 사람의 감정변화를 통해 보다 나은 삶을 추구하여 스스로를 위안삼고 안정시키는 역할을 한다. 그런 부분에도 이경자의 수필은 부합한다.

거래처인 바다카피 김상모 사장님으로부터 전화가 왔다. 출판을 하고 싶은 손님이 왔는데 보낼 테니 상담해보라는 말이었다. 평소에 출판사를 운영하는 나는 찾아오는 손님을 별로 믿지 않는다. 왜냐하면 그렇게 오는 손님들은 견적만 내놓고 그냥 가는 경우가 대부분이기 때문이다. 하여 그렇게 생각하던 차에 책을 낼 작가의 언니라는 이길자 선생이 찾아와 상담을 했을 때도 친절하게 대해드리긴 했지만 반신반의했다. 외국에서 오래 산 작가는 보통 작품수준이 떨어지는 사람이 많고, 맞춤법이나 어휘사용에 한계가 있거나, 소통의 과정과 책을 출판해 보내는 과정 등 여러 가지 일들이 국내 작가의 경우보다 어려움이 많기 때문이었다. 그런데 이경자 작가의 수필은 달랐다. 너무나 우리 말을 자유자재로 사용하고 있었고, 다양한 감정을 다양한 어휘로 표현하고 있는 점에 나는 이경자 작가가 정말 외국에서 오래 산 사람이 맞는지 반신반의해야 했다.

우선 이길자 선생이 알려주신 뉴질랜드에 사는 이경자 작가와 소통하기 위하여 우리는 서로 카카오톡부터 개통했다. 그렇게 해서 이경자 작가와 소통의 창이 열리고, 이메일로 보내온 수필집 한 권 분량이나 되는 40여 편의 작품들을 읽고 나는 탄복했다. 그가 써내고 있는 일련의 작품들은 기존에 우리 출판사에서 출판해온 국내 작가를 훨씬 뛰어넘거나 버금가는 작품들이었다. 나는 그녀의 작품성이 너무 좋아서 나는 우선 그녀에게 수필가라는 칭호를 달아드리기로 했다. 그래도 아마추어가 아닌 작가의 이름을 달고 수필집을 내어야 한다는 게 나의 지론이었다. 그리하여 평생 글을 좋아하고 글에 묻혀 살았던 이경자 선생은 <스토리문학> 2019년 103호에 당당히 등단 작가로서의 이름을 올리고 수필가가 된다.

이경자 수필가가 쓰고 있는 일련의 문장들은 삶을 바탕으로 쓰였기에 무엇보다도 진실하다. 평생 갈고 닦으며 써온 문장이기에 지혜롭고 효과적인 비유가 들어 있다. 그리고 문장에 뭔가 모를 힘이 들어있어서 읽는 사람으로 하여금 자신감을 회복해주는 마력이 있다. 나이 들어가는 사람들이 겪는 아픔을 잔잔한 필치로 써낸 작품이나, 뉴질랜드에 이민 와 살면서 겪는 외로움과 영어소통의 어려움을 그려낸 부분을 읽는 동안에는 뭔가 모를 아픔이 가슴속에서 올라와 눈물이 맺히곤 했다.

이경자 수필가가 오랜 시간을 바쳐 써낸 이번 책에 실게 된 이 수필들은 간간히 전해지는 고국의 이야기, 그리고 이국생활에서의 이웃들과의 만남과 이별, 지구반대쪽에 사는 사람으로 고국의 여름과 바뀐 긴 우기의 겨울을 살아가며 느끼는 우울감과 상실감을 딛고 희망과 꿈이라는 새로운 땅을 개척하면서 읽는 사람으로 하여금 공감과 안정감을 선사하는 글이다.

나는 그녀의 글을 읽으면서 그녀가 얼마나 외로웠나를 가늠할 수 있었다. 그녀가 얼마나 한국말을 잊어버리지 않기 위해 몸부림쳤는가를 가늠할 수 있었다. 그녀가 얼마나 한국을 사랑하는가를 뼈저리게 느낄 수 있었다. 오랜 이민생활을 통해 만나게 되는 글로벌한 세계각국의 사람들과 함께 살아가면서 경험하고 느낀 이야기를 한국인 특유의 사랑과 정으로 풀어나가는 필치는 처음 수필집을 내는 사람이라고는 느껴지지 않게 물 흐르듯 수려하다. 수필의 생명은 읽는 사람으로 하여금 감동을 느끼게 하는데 있다고 해도 과언이 아닌데, 이경자의 수필은 읽는 이로 하여금 잔잔한 감동을 선사한다.

오랫동안 뉴질랜드에서 이민생활을 하면서도 고국의 정서를 잊지 않고 풀어내, 이 수필집이 뉴질랜드 이민사회에 활력을 주고, 이경자 작가의 지인들에게도 신선한 감동을 줄 것을 확신한다. 이처럼 아름다운 수필집을 출간하시는 이경자 수필가님께 진심으로 축하의 박수를 보내며 축하드린다.

차례

1부 은하수 가을달

2부 사람을 안다는 것

3부 수녀님 나의 수녀님

4부 골동품들

1부
은하수 가을달

은하수 가을달

발에 걸리는 대로 신발을 신고 쓰레기를 버리러 나갔다. 벌써 가을인가 밤기운이 싸늘한데 휘영청 밝은 달빛아래 타운하우스의 쓰레기통들이 나란히, 마치 고택의 장항아리들처럼 줄지어서 있다. 달빛은 많은 것을 감싸주기도 하고 여러 사람들의 추억을 헤집기도 한다.

습관처럼 열어본 우편함 속엔 소식은 없고 하얀 달빛만 소복하다. 하늘엔 은하수가 반짝이 피륙처럼 펼쳐져 있다.

은하수와 가을달, 초등학교 습자시간은, 일주일에 두 시간이 연이어 있었다. 첫 시간엔 신문지나 허름한 종이에 연습을 하고, 둘째 시간엔 정서를 해서 덜 마른 먹이 혹여 번지기라도 할까, 칠판 밑에 쭉 늘어놓는다. 일찍 끝낸 아이들은 볕 좋은 창가에 모여 조용히 수다를 떨기도 하고, 한 아이는 숨죽여 한 획씩 써내려간다. 어쩌다 먹물이 옷에 묻기라도 하면 밥알을 짓이겨 바르기도 하고, 뒤에 앉은 아이의 등짝에 붓으로 원치 않는 수묵화가 그려지기라도 하면 작은 시비가 붙기도 한다.

그때 갑자기 창가에 앉아있는 남자아이들 쪽에서 뱅글뱅글 누굴 향해 놀리는 듯한 웃음들을 웃는다.

한 아이가 '은하수'와 '가을달'의 사이에 점을 안 찍어 "은히수 가을딜"이라 써서 칠판 아래 펴놓았던 게다. 그 웃음들은 순식간에 퍼져온 교실이 술렁거리는데, 나는 "어쩜 좋아. 끝날 시간이 다 되어 가는데 저걸 언제 다 쓰나?" 걱정을 하는데 그제야 그 아니

는 그걸 알아차렸다. 아이라고는 했지만 나보다 세살이나 더 먹은 언니뻘이었다. 그 시절엔 전란으로 학령기를 놓친 애들이 서너 살씩 어린우리들과 한 교실에서 공부하곤 했었다. 주로 치마저고리를 입고 체격도 큰 아이였다. 나중 생각해보니 의젓하기도 했었던 것 같다.

동급생으로서보다는 언니처럼 나를 챙겨주던 그 애, 아무튼 그 애는 붓에 먹을 꾹꾹 묻혀들고 성큼성큼 칠판 쪽으로 가더니 '히'자에 점하나, '딜'자에 점 하나를 찍고는 주전자 두 개쯤 걸 수 있게 입을 내밀고 양손을 먼지떨이 털듯 흔들고 또 양발로 교실마루를 쾅쾅 구르며 제자리로 돌아오더니, 책상에 엎디어 소리 내어 울기 시작했다. 나는 그때 알았다. '사람의 입이 저렇게 튀어 나올 수도 있구나.', 또 '교실에서 그렇게 크게 울어도 되는구나.'하는 것을…….

그동안 어린 것들과 공부하면서 마음에 맺혔던, 또는 부끄럽기도 했던, 그 어떤 것들이 한꺼번에 터져 올라온 건 아니었을까 하고 생각한 것은 세월이 많이 지난 먼 훗날이었다. 나는 작은 손으로 너른 그녀의 저고리 등을 쓰다듬으며 창가 쪽의 머슴아들을 으쓱하는 기분으로 흘겨보았다. "니들은 애가 처음부터 다시 쓸 줄 알았지? 점 두 개로 '은히수 가을딜'을 '은하수 가을달'로 만드는 것 봤지?" 하긴, 이렇게 처리할 것이라는 생각을 나만 했던 건 아니었을 거라는 생각도 먼 훗날이었다.

그날, 그 애와 나는 키가 엄청나게 큰 미루나무 꼭대기에 빨간 노을이 깃발처럼 걸리고 참새 수천 마리가 노을 속에 작은 점으로 요동칠 때, 아무도 없는 너른 운동장을 가로질러 늦은 귀가를 했었다. 슬픈 일을 치른 모녀지간처럼…….

나이가 들면서 잠이 줄어든다는 것은 지난 일을 되새김질할 좋은 기회이긴 한데, 잘한 일들은 별로 떠오르지 않고, 물수제비뜨듯 자꾸 후회만 튀어 오른다. 하지만 지나간 삶을, 한 점으로 찍어 바꿀 수 있는 것은, 아무것도 없다.

다만 예수님께서 부활하신 이 아침에 지나간 삶을, 또 돌아올 나의 생에 믿음과 사랑과 소망으로 거듭 날 수 있는 점 하나씩을, 허락해주실 것을 간구해본다. "은히수 가을덜"의 혼돈을 '은하수 가을달'로 바꿀 수 있는 그 점들을…….

세월

해가 바뀐 지 여러 날이 지났는데도 벽걸이 달력은 얻지 못하고, 떼어낸 달력만 뒤적이고 있었다. 세계 명화가 그려진 묵은 달력은 크기도 적당하고 숫자도 잘 보여서 여러모로 내 마음에 들고 말짱한 게 한해 쓰고 버리기엔 아깝다 생각했는데, 재미있는 것을 알아냈다. 올 1월과 꼭 같은 작년 5월을 찾아냈다. 5자를 1자로 고쳐서 걸었다. 날짜와 요일이 똑 같다.

그뿐만이 아니고 지나간 5월은 작년의 1월과 같고, 또 지금의 7월은 작년의 10월과 같았다. 다만 내가 지금 7월로 쓰고 있는 작년 10월 달력엔 그때 있었던 일들이 갯벌에 찍힌 뭇 새들의 발자국처럼 어수선하다. 그 메모들이 꼬물꼬물 살아나 그때를 생각나게 한다.

사람마다 같은 숫자의 달력을 보며 살아도, 각기 다른 삶을 경영하며, 웃기도 하고 때론 울기도 한다. 또 하느님을 원망하기도 하고 거역하기도 한다.

같은 7월을 살면서도 어떤 이는 어느 날을 기다리고, 다른 이는 그날이 오는 것을 달가워하지 않기도 한다. 세상의 끝인 것 같던

시련도 새들의 발자국처럼 시간이라는 썰물이 안고 가는 것을……. 성경 말씀에 “세월을 아끼라. 때가 악하니라.”고 하신다. 어떻게 사는 게 세월을 아끼는 것인가를 아직도 모르고 사는 나는, 젊어서는 세월은 그냥 내 곁을 지나가는 줄로만 생각했었는데 세월은 나까지 뭉뚱그려 데려가고 있다. 늘 함께할 것 같던 건강이나 젊음은, 지나온 시간 저만치에서 나를 어여 가라 손사레질 치는 듯하다. 돌이켜보면 크게 내세울 것 별로 없는 삶과, 산 것보다 훨씬 적게 남은 시간 사이에서 때론 조급하고 당혹스럽기까지 하면서도, 이럴 때는 그냥 따끈한 차 한 잔을 두 손으로 감싸 쥐고 추적추적 내리는 뉴질랜드의 겨울비를 무심한 듯 바라보며 속내를 감춘다.

아마도 세월을 아끼라 하심은 주님을 닮은, 보시기에 미쁜 삶을 살라는 말씀 아닐까? 때 없이 내리는 비로 물비린내 풍기는 뒤뜰 마루 밑으로, 다소곳이 숙인 흰 부추꽃 위로, 또 앙상한 플라타너스가지들 사이로, 그렇게 비 오는 6월을 보내고 말았다.

그리고 나는 또 달력을 뒤적여 돌아온 7월과 같은 달을 찾아 세월을 벽에 걸고 있다.

저 달력은 7년째 이렇게 걸리고 있다.

애증과 고통의 나날

뉴질랜드의 유월은 겨울의 시작이긴 하지만, 이 새벽처럼 비까지 쏟아져 내리면 온몸으로 느끼는 냉기는 고국의 한겨울만큼이나 으스스하다. 새벽 4시가 조금 넘은 시각 큰길에서 클리닉센터로 들어가는 매표소의 바리게이트는 하늘을 향해 들려있고, 모든 것이 정지된 채 조용하고 캄캄하다. 다만 드문드문 비추는 가로등 불에 빗물은 고기비늘처럼 번뜩이고, 텅 빈 주차장 여기저기에 고여 있는 물은 쿠킹호일을 찢어 던져놓은 것처럼 차갑고 날카롭게 보인다. 가끔 올 때마다 그렇게 주차하기가 어렵더니, 오늘은 차는 한 대도 없고 이 새벽엔 널널하게 비어있다.

"아직 아무도 안 왔나, 분명 클리닉센터 건물 정문이라고 했는데……."

혹시라도 깜박 잠들어 20등 안에 들지 못할까 긴장으로 지난밤을 하얗게 앉아서 밝히고, 이럴 바엔 일찌감치 가서 순번이라도 놓치지 말자고 좀 일찍 출발한 터였다. '6시까지 가면 된다 했는데, 너무 일찍 왔나?' 그런데 가만 보니 휘젓는 와이퍼 사이사이로 건물 현관유리문 앞에, 작고 검은 덩어리 하나가 꼼지락거리는 게 보였다. 좀 무섭기도 했었는데, 참 반가웠다. 휴대폰을 들여다보는지, 어둠 속에서 얼굴만이 파랗게 떠올라 있다.

중국인 대학생 아가씨였다. 만나서 반갑다 악수하며 인사를 했다. 그녀도 내심 반가워하는 표정이다. 자기는 엄마의 진료를 위해서 어제도 왔었는데 20명 안에 못 들어서 그냥 돌아가고, 오늘은 아예 눈도 붙이지 않고 있다가 일등으로 왔노라 했다. 잠시 뒤에 중학교 선생님이라는 품이 넉넉하게 생긴 마오리 아줌마가 자신의 중학생 아들을 위해서, 세 번째로 내 뒤에 줄을 섰다.

시원치 않은 영어실력으로 '남편이 많이 아파서 대신 왔는데 접수만 해놓고 다시 집에 가서, 남편을 휠체어에 태워 데려와야 한다'고 열심히 내 소개를 하며 '혹시 신청서 작성할 때 모르는 게 있으면 날 좀 도와 줄 수 있겠느냐'고, 1번 사람에게와 똑같이 부탁했더니 좋은 표정으로 '그러마.' 한다.

시간이 갈수록 꾸역꾸역 모여드는 사람들……, '이렇게 모이다 보면, 오늘도 아픈 이를 뽑지 못한 채, 그냥 돌아가는 이들이 또 생기겠는데…….'라고 생각하고 있는데, '따따따따' 새벽공기를 가르며 대형 바이크 한 대가 주차장으로 들어온다.

먼저 온 이들의 시선이 그에게 쏠렸는데 그의 행색이 너무도 강렬했다. 이렇게 추운 날 새벽에도 반바지 차림에 카키색 군복 비슷한 헐렁한 윗옷을 걸치고 대각선으로 얼러 맨 가방과 여미지 않

은 목이 긴 군화의 느슨한 줄들이 주렁주렁 늘어져 눈길을 잡는다. 검고 큰 뿔테안경, 2차대전 때 독일 병정들이 썼음직한 뒷목이 파인 철모, 격전지에서 이제 막 돌아온 패잔병 같은 몰골에 체격이 건장하다. 아마도 밀리터리룩을 선호하는 것 같은 그 남자는 자기가 몇 번째인지를 확인하는데, 얼굴을 본 순간 나도 모르게 '풉'하고 웃음이 나왔다. 그의 한쪽 볼이 심하게 부어 찌그러져 있다. '간 밤 그의 치통이 어떠했을까?'하는 딱한 마음은 그 다음이었다.

남편이 긴 투병 중에 있다. 독한 약을 오래 복용한 탓일까? 이가 뿌리만 남긴 채 툭툭 부러져나가더니 윗니 중앙에 하나 남은 이가 겨우겨우 매달려 있었다. 조금만 당기면 빠질 것도 같은데, 아프다고 손도 못 대게 한다. 예전에 아이들이 젖니갈이를 할 땐 앓니 빼는 것쯤은 일도 아니었는데, 워낙 엄살이 없는 사람이니 믿고 치과에 가서 꽤 많은 돈을 지불하고 발치(拔齒)를 했다. 뽑고 보니 이 뿌리가 엄청 길어서 서로 놀랐다.

중국인 의사는 이빨그림이 그려진 차트를 들고 와 스틱으로 쳐가며, 뽑을 이 뿌리가 모두 열세 개라면서 좋아하는 표정이다. 뽑은 후 6개월이 지나 잇몸이 여물어야 틀니나 임플란트를 할 수 있다는데…….

남편은 옐로 페이지도 뒤져보고 이 치과 저 치과 가격을 알아보던 차에 매일 새벽 선착 순 20명에게, 무료로 발치를 해준다는 정보를 간호사인 교회 집사님한테서 듣고, 작전을 폈던 거였다. 첫날은 일곱 개의 뿌리를 뽑았다. 그리고 친절한 그 여의사는 다음에 뽑을 나머지 이의 날카로운 부분을 정성껏 갈아주면서 "당신 오늘 돈 많이 벌어간다."며 웃는다.

'고마움을 어떻게 전해야 할지 몰라.'하는 나의 눈에서 그냥 눈물 한 방울이 또르륵 떨어졌다. 새롭게 하얀 이를 할 수 있다는 희망 때문일까, 피 묻은 거즈를 물고 있는 남편의 얼굴은 밝기만 하다.

몇 년 전 담석으로 입원한 적이 있었다. 한밤중에 찾아온 숨쉬

기조차 어려운 그 통증을 해결할 방법은 죽는 것밖에 없을 것 같았다. 입원 후 설문 조사에서 통증이 1에서 10까지라면 당신의 통증은 어디쯤이냐고 묻는다. 생각나면 와서 묻기에 나중엔 '일레븐'이라 말했더니 내 수술에 마취를 담당할 거라던, 초록가운에 초록두건을 쓴 자그마한 중국 의사가 웃으며 나를 끌어안는다.

고통의 강도는 객관적일 수 없다. 내가 치통으로 무너진 그 남자의 얼굴을 보고 잠시지만 웃음을 웃듯이…….

신앙인에게 고통은 하느님과 통하는 관문이라는데, 내 스스로 열어야 하는, 안으로만 열 수 있는 그 문 앞에 바투 퍼질러 앉아, 눈물짓고 원망하고 낙망한다. 본인 스스로 모든 걸 내려놓고 한 발 물러서지 않는 한, 그 문은 결코 열지 못할 것임을 나는 안다. 때로는 고통도 희열의 열매를 끌고 오기도 한다. 아이를 낳을 때의 산통, 또는 오랜 창작의 고통 뒤에 얻어지는 지적인 산물 등……, 하지만 삶이 그리 녹녹치 않아 고통은 줄줄이 손잡고 오고, 또 간다.

남편은 늦은 나이에 하느님을 영접하고 세례명을 받았다. 봉성체를 받는 날이면 성치 않은 몸으로 손수 촛불을 밝히고 신부님을 기다린다. 다른 세례자들보다 몇 개월 늦었지만, 삐뚤빼뚤 로마서 필사도 끝냈고, '또 어딜 필사할까'를 다음 봉성체 때 신부님께 여쭤보겠다 기다린다.

10년 전 맨 처음 주치의에게서 병명을 받던 날, 내가 보기엔 멀쩡한 남편에게 종이와 펜을 내어놓으며 앞에 있던 인쇄물을 베껴보라 하더니 단번에 파킨슨이라 했었다. 뒤로 가면서 점점 작아지

는 글씨는 대표적인 파킨슨병의 증세라 했다. 그로인해 불편해진 몸으로 책상 앞에 앉아 때로는 무릎에 올려놓고 쓰기도 한다. 남편은 이미 육신의 고통을 넘어 하느님과 소통하는 문을 열고 저만큼 걸어 들어가고 있는 것 같다.

책 동무

나에게는 몇 명의 책 동무들이 있다. 서로 책을 빌리고 빌려주는 이들에게 내가 붙인 이름이다. 뭐 그렇게 대단한 모임도 아니기에 그렇게 불리우는 것을 아는 동무도 있고 모르는 이도 있다. 뉴질랜드에 살다 보니 우리 글로 쓰여 있는 책들이 귀하기도 하고, 남편의 건강이 여의치 않아 바깥나들이의 운신 폭이 좁아진 나는 읽을 수 있는 책이 주어지면 폭식하듯 책에 빠지게 된다. 때로 몇 사람 건너건너 와서 급하게 지나가는 책은 늦은 밤까지 읽기도 하고, 가로등이 제풀에 꺼지고 큰길에 차 지나가는 소리가 바빠지기 시작할 때까지 책을 보기도 한다. 푸릇한 신새벽 동그마니 앉아 연인들의 이별에 가슴 먹먹해하고, 때론 어항 속의 물고기를 들여다보듯 객관적이 되는 때도 있지만, 불치병이나 육체의 고통으로 힘들어 하는 내용을 접할 때는 남편 때문일까, 글줄이 물결치듯 번져 보이기도 한다.

잠은 좀 모자라지만 아침 일찍 학교 갈 아이가 없으니 도시락

쌀 걱정도 없고, 출근할 것도 아니니 낮잠으로 조절하면 큰 지장은 없다. 다른 이들은 자기 일에, 아니면 아이들 뒷바라지 때문에 바쁘다. 그러다 보니 제일 나이 많은 내가 책의 오고 감을 탁상용 달력에 써서 기억하면서, 사서 아닌 사서 노릇을 하게 됐다.

얼마 전 예배 후 교제실에서 빌렸던 책을 돌려주는데 정 집사, "저는 오늘 책 못 가져 왔어요. 다 못 읽어서." 급할 것도 없고, 아무래도 할일 없는 나보단 회수가 더디니까 그러려니 했는데, "고난주간이라서……."라는 뒷말이 나를 잡는다.

순간 숨이 멈춘 듯 얼굴이 확확하면서 머릿속 어딘가에서 묶였던 매듭이 툭 풀어지는 것 같기도 하고, 날달걀이 도르르 굴러 떨어져 팍 터지는 그런 느낌이랄까? 만감이 교차한다. 다음 순간 '내가 정 집사에게 어떤 책을 돌렸었나? 나는 과연 고난주간을 염두에 두고 지내기는 했었는가?' 급하게 머릿속을 뒤졌었다.

얼마 전 새롭게 개편된 성경책을 선물로 받았다. 전에 보던 성경책도 아직 시루떡인데……. 여기서 내가 시루떡이라 함은, 모든 책은 모름지기 손때가 묻고 갈피를 넘길 때 화르르 한 장씩 넘어가야하며, 헐면 헐수록 책으로써의 소임을 다하는 것이라는 게 내 생각이면서도 아직도 갈피가 뭉텅뭉텅 시루떡 떨어지듯 한다는 말이다.

전에 어느 목사님, 무릇 신앙인이라면, 성경을 자기 나이 수만큼은 읽어야 된다고 설교하시던데, 내 수명을 팔십으로 친다면 남은 여생동안 일 년에 십 독 이상은 해야만 나 스스로 성경 통독의 나잇값을 하는 셈이다.

사람이 지은 얘기에 밤잠을 설치고 희뿌연한 새벽을 맞기도 하면서, 태초부터 나를 계획하시고 나를 위해 낮은 곳으로 오시고, 고난 받으신 예수님, 그분의 말씀을 즐겨 찾지 않은 나, 한 뼘 얼굴 둘 곳을 못 찾는다.

하지만 나는 기도한다. 먼 훗날 설핏 기우는 저녁노을에 창살 그림자가 거실바닥에 내려앉을 때, 빛깔 고운 무릎 담요조차도 버거워 보이는 하얀 서리 머리에 인 작은 노인이 있다. 콧등에 걸쳐진 돋보기 아래 조글조글 주름 많고, 작아진 손으로 받쳐 든 성경책은 금빛갈피도 닳아 퇴색되고, 화르르 넘어가는 장장마다 붉은색과 푸른색의 밑줄이 보이고, 가끔은 회한과 감사의 눈물로 얼룩진 낡은 성경책을 받쳐 든 그 노인이 '나'이기를……. 붉은 노을이 창살 그림자조차 거두어 안고 서산으로 넘어간다. 살포시 잠들어 안고 있던 성경책 떨어지는 소리에 무릎 담요 끝에 코 박고 잠들어 있던 고양이가, 게으르게 눈떠 올려다보고는 무심히 돌아눕는다.

깜빡 잠이어도 아니 영원한 잠이어도 좋겠다.

그 노인이 '나'이기를…….

떠나는 이들

주말 아침 타운하우스는 텅 빈 듯 조용하고 승용차들도 벌써 어딜 갔는지 주차장이 한가로운데, 가까운 곳 어느 나무에서 매미 한 마리가 외로운 울음을 울고 있었다.

몽당 빗자루 들고 앉은걸음으로, 현관 앞을 쓸어 나가는데, 어깨 위에는 어느새 내려앉은 햇볕이 따끈하다. 여름방학은 끝났지만 아직도 한낮엔 그늘이 더 좋은 늦여름, 앞뜰 하얀 목책과 꽃지고 빨간 열매 맺은 군자란 사이에, 거미가 줄을 쳐놓았다. 아침 햇살을 받은 이슬들이 구슬을 꿰어놓은 듯 영롱해서 선뜻 걷어내지 못하고 검지로 살짝 건드려 본다. 몇 개의 이슬방울들이 호도독 떨어진다. 그때 기다렸다는 듯 위쪽에서 급하게 내려온 거미 한 마리가 가늘고 긴 다리로 버팅기며, 나를 가만히 올려다만 본다. 아침밥으로 낚인 먹잇감이 너무 커 부담스러운지 한참을 살피는 것 같았다.

'여기다 줄을 쳐놓아서 먹고 살 수는 있을까?'하는 생각도 들었

는데 가만히 들여다보니, 거미줄의 한가운데에는 무슨 곤충인지는 몰라도 거미줄로 돌돌 말아놓은 찌그러진 몸통과 거기에서 떨어져 반짝이는 작은 날개들이 무지개 색을 내며 붙어 있었다.

하긴 아무리 미물이라도 저 먹고 살 궁리는 다 하는 게 생태계의 법칙이니까…….

속설에 낮 거미를 보면 반가운 손님이 온다고는 했지만, 이런 경우 대부분의 거미들은 줄행랑치기 바쁜데 녀석은 도망도 치지 않는다. “하, 요 녀석 봐라.”하며 눈싸움 중인데, 갑자기 하늘이 컴컴해진다. 손차양을 한 채 실눈을 하고 올려다보니, 한 남자가 해를 등지고 서서 나를 내려다보고 있었다. 삼십대 중반으로 보이는 그 남자는 주말에 위층으로 이사 올 사람이며 아내와 남매가 있다고, 공손하게 자기소개를 한다. 몇 주 동안 위층이 비어 있더니 둥지의 주인이 바뀌는 모양이다.

가무잡잡한 피부와 어투가 혹시 남미 쪽이 아닐까 짐작해보며, 어디서 왔느냐 물으니 브라질이라 했다. 나는 알아본 반가움에, 한 손에는 빗자루, 또 한 손엔 쓰레받기를 든 채, “아! 삼바.”하며 서툰 몸짓으로 춤추는 시늉을 했다.

그 무렵 브라질에선 삼바축제가 열리고 있어, TV에선 온갖 장식을 한 무희들이 소개되곤 했었다. 둘이는 오래 전부터 알고 지내던 사람들처럼 마주 보고 크게 웃었다. 웃음소리에 놀란 매미가 뚝 울음을 멈추고, 대신 두 사람의 웃음소리가 꽃밭 속으로, 또 추녀 밑으로 퍼져든다. 사람은 예기치 않은 사소한 일로도 관계가 쉬워질 수도 있는 것 같다.

그네들은 그렇게 내 이웃이 됐고, 그날 이후 나와 우리 식구가 칭하는 그 남자의 이름은 삼바, 삼바네다.

삼바는 만날 때마다 일상의 안부나 날씨 얘기 등 그때에 알맞은 인사를 하기도 하고, 내가 차 짐칸에서 장봐온 물건들을 옮기는 것을 만났을 때에는 손수 도와주기도 했었다. 그리고 ‘전등이나 간단한 건 자기도 고칠 수 있으니 일이 생기면 자길 부르라’며 살

갑게 굴었지만, 오랫동안 그렇게 살면서 한 번도 그런 일은 없었다. 두 노인만 사는 우리를 걱정해주는 삼바가 삼바댁보다 잔정이 더 많은 듯도 느껴졌다. 때로 삼바네 아이들 찰스와 엘리자벳이 학교에서 돌아왔는데 집이 잠겼으면, 책가방을 우리 집에 던져두고 파트타임 일에서 미처 퇴근치 못한 엄마에게 전화로 안심 시킨 후, 앞마당에서 놀기도 하고……. 별스러운 건 아니어도 우리 부부는 붙박이로 살며 여느 할머니 할아버지 같은 마음으로 지내고 있었다.

그런데, 어느 날, 몸피가 좀 두터운 젊은 여자가 자기는 위층에 이사 온 사람이라고, 인사를 한다. 깜짝 놀라서 "삼바, 아니 찰스네는……?"하고 물으니, 얼마 전에, 브라질로 돌아갔단다. 아마도 그네들은 전부터 서로 알고 지내는 사이인 듯, 자질구레한 가구나 세간 등을 자기가 다 물려 받았다고 웃으며 말한다.

안주머니에 있던 소중한 어떤 것을 잃어버린 것 같은 허전함과 사기를 당한 것 같기도 해서 여러 날을 섭섭해 했었고, 가끔은 울컥해서 눈앞이 흐려지기도 했었다.

"요즘 보기 뜨음해서 여행이라도 갔나 했었는데……."

힘이 들거나, 돈이 드는 일도 아닌데, 가면 간다 인사는 할 수 있지 않았을까?

나는 이제 재미로 보는 금주의 운세에서도 제친 나이로 살고 있다. 앞으로의 일이 궁금한 것보다 보낸 세월 속에서 알고 지낸 인연이 소중하고 살가운데, 브라질 사람과 한국 사람이 뉴질랜드에서 만나 한 지붕을 머리에 얹고 3년을 살았으면, 그것도 인연이 아니었을까?

그일 후, 새로 이사 온 아낙에겐 무심한 듯했지만, 사실은 볼 때마다 삼바네가 떠올라 의식적으로 피하기도 했었다.

어느 이른 아침 딸에게서 전화가 왔다. 딸네 옆집에 살던 이가 이사 가면서 그동안 잘 살다가 떠나는 것에 대한 고마움을 A4 용지에 정갈하게 타이핑한 후 흰 봉투에 담아, 한울타리 안에서 같이 살던 아홉 가구의 우편함마다 넣어 놨더라고 자랑처럼 얘기한다. 얼마 전 내가 말없이 떠난 삼바네 때문에 끌탕을 한 걸 알고 있던 터였다.

그땐 "여기선 다 그래 엄마, 그러려니 하고 잊어버려요."하며 나를 위로 하더니, 떠나는 사람의 마음 씀씀이에 기분이 나쁘지 않은 듯 목소리가 튀어 오르는 공을 닮았다.

"너도 이사 갈 때 그렇게 해."

심상한 듯 말하곤 또다시 삼바네를 떠올렸다.

하긴 이사하면 이웃 간에 시루떡 돌려먹던, 토종 한국정서를 고무래 끌듯 끌고 태평양까지 건너온 나의 촌스러움 탓은 아닐까 하는 생각도 해 보았지만, 아무래도 말과 국적이 다른 네 가구가 한 지붕을 쓰는 글로벌한 나의 이민 생활은 앞으로도 위태로울 수밖에 없을 것 같은데, 뒤뜰 낮은 목책 너머 저 만치에 머리가 하얀 키위 할머니 한 분이 일과처럼 한나절씩 테라스에 있는 낡은 의자에 앉아 볕을 쬐고 계셨다.

우리 집보다 지대가 조금 높아 고개를 돌리면 자연스레 그 댁 거실까지 한눈에 올려다 보였다. 가만 보니 하루에 한 번씩 식사

배달 차가 오고, 배달 온 중년의 남자가 잠깐씩 웃으며 얘길 하다가 떠나가고, 주기적으로 공무원인 듯한 남녀 몇 사람이 서류철을 옆에 끼고 다녀가기도 했다.

할머니와는 볕 좋은 어느 날 빨래를 널다 우연히 눈이 마주친 뒤부터 서로 간단한 인사를 나누는 사이가 되었다. 탁탁 털어 널고 있는 내 쪽을 손가락질하며 "당신의 빨래에서 무지개가 핀다."며 환하게 웃는다. 거리가 멀어 목소릴 높여야 했지만 그때마다 고갤 갸웃한 채, 손을 오므리고 귓바퀴를 감싸고 들어주려 애를 쓰시고 시원찮은 영어에도 웃으며 대꾸해주셨다.

할머니는 당신의 이름이 크리스틴이라 소개했다. 이 나라에선 나이든 사람의 이름도 자연스레 부르기도 하지만, 나는 한 번도 그 이름을 불러보지 못했다. 왠지 손녀딸의 이름을 잘못 얘기해준 것 같이 할머니의 주위를 겉돌 뿐, 일체감이 없었다. 하지만 젊어서라면 멋지게 어울렸음직한 이름이었다. 나이가 드셨어도 저리 고우신데, '가는 허리에 빙글 돌면 나팔꽃처럼 퍼졌을 플레어스커트'와 지금은 메밀꽃 같은 하얀 머리지만, 짐작하건데 '젊었을 땐 금발이었을 그 머리와……' 상상하고 있는 나를 흔들듯, 크리스틴이 나는 널 뭐라 불러야 되느냐고 묻는다. 나는 멈칫거리다 그냥 '리'라 대답하곤 옛날 일이 떠올라 속으로 웃고 있었다.

이민 일주일 만에 파트타임 아르바이트를 구했다. 이렇게 시작하지 않으면 점점 이 사회에 끼어들기 어려워진다는 지인의 말이 맞는 것 같아, 무식하면 용감하다는 이론에 공감하며 잡지에 난 구인 광고를 보고 따라나선 첫날, 여 사장님이 뭐라 불러야 할지 묻는다. 나이도 많은데다 아줌마라 부르기도 마뜩찮은 듯 멈칫거리는 나에게, "온지가 언젠데, 아직도 영어 이름이 없어요?"하며, 그렇지 않아도 마냥 주눅이 들어있는, 내 자존심을 살짝 건드렸다. 그 일로 내가 다소 무능하게 보여지는 것 같아, 나도 모르게 "영

어 이름? 있어요!" 그리곤, 이민 와서 맨 처음 집을 구할 때, 계약서에서 본, 집 주인의 이름이 생각나 "제니퍼예요."라고 말했다. 갑자기 지었어도, 내가 이름은 잘 지었다는 생각이 들었다. 더구나 '제니퍼란 이름엔 하얗게 밀려드는 파도란 뜻도 있다'니 그야말로 작명은 잘했다 생각하며 스스로 칭찬까지 했었는데, 그 이름은 옛날 영화 <무기여 잘 있거라>에서 열연한, 여배우의 본명이기도 했다. 감수성 예민한 소녀 적에 본 영화로 오랜 동안 감동이 남아 밤잠을 설쳤었고, 반세기가 훨씬 지난 지금도 잊히지 않는 영화 중 한 편으로 손꼽고 있다. 수업시간에 내 딸 벌되는 선생님이 내 이름을 부를 때마다 어려워하기에 던지듯 내주었더니, 같이 공부하던 중국 아이들이 제 여동생 이름 부르듯 불러댔다. 하지만 키위가 한복 입은 것처럼 항상 낯설고 쑥스러웠는데, 아이들은 <무기여 잘 있거라>라는 영화는 알지도 못하고 제니퍼 존스는 더더욱 몰랐다.

관능파 배우 제니퍼 로페즈만 알고 있었다. 그리고 얼마나 그 이름이 흔한지, 여기도 제니퍼, 저쪽에도 제니퍼 존스라는 성까지 붙이면 어떨지 모르겠으나, '남의 성까지 빌려 쓰는 건 예의에 어긋나는 것 아닐까?'하는 생각이 들었었다.

아무튼 크리스틴 댁의 커튼이 늦게까지 열리지 않든지, 문이 닫혀 있으면 신평이씨 '리'는 궁금하고, 열리면 안심이 되곤 했었다.

삼바로 인한 섭섭함은 시간이 갈수록 흐릿해지며 마음은 또 다른 인연을 불러오고 있었다.

어느 날, 크리스틴이 해바라기하실 때쯤에 내가 자신 있게 할 수 있는 유일한 서양음식인 머핀을 구웠다. 견과류를 잘게 부셔 넣고 건포도도 넣었다. 먹어본 이들이 맛있다고 하니 가끔 굽긴 하는데, 나는 먹는 것보단 굽고 난 후 오랫동안 집안에 스며있는 냄새를 더 좋아한다. 달달하면서도 구수한 그 냄새, 행복에도 냄새가 있다면 아마도 그런 냄새일 것 같았다.

그런 냄새가 폴폴 나는 따끈한 머핀 몇 개를 일회용 접시에 올리고 고운 빛깔의 냅킨도 골라 덮었다. 크리스틴과 나란히 앉아 햇볕 속에서 빨래가 마르고 있는 우리 집을 내려다보며 말없이 머핀을 먹었다. 출출하셨는지 머핀 한 개를 금방 다 드신 크리스틴은 당신은 '리'에게 줄게 아무것도 없다며 웃으신다. 정말 세간이 아무것도 없었다. 부엌 개수대 위도 이사 간 집처럼 깨끗하고, 벽에도 액자 하나 걸린 게 없었다. '어쩜, 사람이 이러고 살 수도 있구나.'하는 생각과 함께 옛 스님의 화두인 '무소유'를 떠올리곤 마음이 숙연해지는데, 건너다보면 떨리는 손으로 가끔 물을 주던 하나뿐인 화분을 크리스틴은 선물이라며 건네주신다. 다보록한 보라색 패랭이꽃 화분은 하나뿐 이어서 더욱 예뻐 보이는데, 크리스틴의 파란 눈은 주름 속에서 장난치는 아이처럼 웃고 있었다.

테라스바닥에 집 추녀그림자가 얼룩처럼 내려앉을 때 침대만 덩그런 안방까지 크리스틴을 모셔다드리고, 주신 패랭이꽃 화분을 가슴에 안고 나는 돌아왔다. 그 후로도 둘이는 가까워지지도 멀어질 것도 없이 눈이 마주치면 웃고, 가볍게 인사하며 서로 또래 친구처럼 지냈다.

하얀 나무목책을 초록으로 뒤덮은 담쟁이의 새순이 반들반들 돋아나고, 그 담장에 노랑부리까마귀 내외가 집 짓고 알을 낳을 때쯤 건너다본 할머니댁 분위기가 어수선하다. 몇 명의 남자들이 분주하게 들락거리고, 마당엔 구급차가, 뒤에 있는 문짝을 하늘을 향해들어 올린 채 시동이 이미 걸려있었다. 나는 끼고 있던 고무장갑이 확 뒤집어지도록 벗어던지고, 타운하우스의 정문으로 돌아 뛰어 가보니 벌써 구급차는, 대문을 빠져나가고 있었다.

내가 크리스틴을 본 건 그날이 마지막이었다. 아침나절에도 아무 말씀 않으셨는데……, 어디로 가셨을까? 나는 손차양을 하고 대낮인데도 어둡고 적막한 안쪽을 커다란 거실 유리창을 통해, 한참을 들여다보았다. 아마도 오래 전부터 준비됐음직한 무소유의 현장을 보고 있는 먹먹한 마음속으로, 떠난 이가 말없이 들어앉고 있었다.

영어가 유창했으면 헤집고 다니며 알아보기도 했을 테지만, 그러기엔 나의 능력이 모자라고, 더 적극적으로 알아볼 거면 누군가에게 도움을 받아야 하는데, 그런 뒤엔 뭘 어쩔 건지 난감해서 다리에 힘이 빠지고, 또 한편으론 섭섭함이 스멀스멀 올라오기도 하며 마음이 복잡했다. 난 진심으로 대했고 크리스틴도 그런 줄 알았는데 말 한마디 없이……. 애꿎은 삼바가 다시 떠오르는데, 그 사이를 비집고 "엄마 또야?"라며 묻는 딸아이의 얼굴도 같이 떠올랐다.

그 후로 몇 차례 세입자들이 살다 물 흐르듯이 떠나갔다. 허공으로 눈인사하며 지내다 떠난 이도 있고, 서로 모른 채 살다 떠나기도 했다.

평일엔 두 명의 중국 청년이 사는데, 매주 금요일만 되면 무슨 회합 장소로 쓰는지 십여 명의 청년들이 모여서 늦게까지 웃고 떠들곤 했다. 크리스틴이 앉아 졸던 테라스에 삼삼오오 서서, 병째 들고 술을 마시고 불콰해진 얼굴로 풀풀 담배 연기를 뿜어낸다.

저 집도 아파트로 뒤쪽으로 살림집들이 여러 채 연결되어 벌써 불들이 다 꺼진 시간인데, 저렇게 소란스레 살다가는 금방 쫓겨나지 않을까? 괜한 남의 걱정을 했었는데, 내 예측대로 맞은편 젊은 이들은 얼마 안 있어 이사를 나가고 그이들 다음으로는, 배가 굉장히 불러 내 경험상 곧 해산해야 될 것 같은 젊은 부부가 세들어 왔다.

마치 옴니버스 연극을 보듯 나는 가만히 있는데, 배우들은 돌아가며 무대를 채웠다가 또 떠나간다. 새댁은 인도사람으로, 첫아이 출산 예정일이 보름 남았다며 하루 종일 뭘 먹었다. 더 이상 부른 배엔 빈 공간이 없을 것 같은데도 한없이 먹었다.

맨손으로도 먹고 그릇에 담아 들고 다니면서도 퍼 먹었다. 그러다 눈이 마주치면 자기도 우스운지 깔깔대며 웃었다. 나는 손가락 두 개를 세우고 하나씩 접으며, "보이? 걸?"하고 물으니 '걸'이라 대답한다.

92세의 크리스틴이 앉아있던 그 테라스에, 며칠 후면 태어날 딸 아기를 품은 초보엄마가 하루 종일 서성이며 먹어댄다. 키도 크고 어깨 폭도 넓은데, 배까지 한껏 내미니 덩치가 대단하다.

낳을 날이 임박하자, 인도에서 노부부가 오셨다. 아침마다 아기 아빠가 공손히 허릴 굽혀 출근 인사를 하는 걸 보니, 아기의 외할아버지와 할머니인 것 같다. 새댁에게 "당신 부모님이지?"하고 물었더니, 두 눈을 크게 뜨고 어떻게 알았느냐며 놀란다.

먼발치로 인사를 시켜줘서 인사도 나눴다. 나를 어떻게 설명했는지는 모르지만, 단아하게 생긴 나보다 젊게 보이는 친정어머니는 미소가 고왔다. 계시는 동안 눈이 마주치면 눈인사도 나누었다.

보름 후 아기를 낳아 안고 새댁이 테라스에 나타났다. 멀리서 강보로 돌돌 말아 싼 아기를 세워 보여주기도 하는데, 멀어서 눈 코 입이 전혀 구분되지 않고 가무잡잡한 덩어리로만 보였지만, 수고했다는 뜻과 함께 축하의 인사로 양손 엄지에 한껏 힘을 주어 허공으로 날린다. 아기엄마도 고맙다는 듯 고개를 주억거리며 웃는다.

그들도 아기가 방글방글 웃을 때쯤 며칠 커튼이 드리워져 있더니, 이별의 인사도 없이 떠나가고 없었다. 이젠 정말 딸의 말처럼 이 나라에선 그저 그러려니 하고 섭섭함을 나 스스로 추슬러야 된다는 것을 어렴풋이 터득해나가고 있는 것 같다.

크리스틴 이후, 만나고 헤어짐에 민감치 않으려 애도 쓰지만, 기실은 오래전 삼바네가 떨구고 간 섭섭함이 이미 나를 단단하게 만들기도 했고, 흐르는 세월이 무두질이 되어 나의 감성이 현실에 순응해 가고 있는 것 같다.

봄이 무르녹는다. 검은 부츠를 챙겨 신고 허름한 모자를 눌러쓴 채, 화분들의 흙을 갈아준다. 어느 집에선지 잔디 깎는 소리가 들려오고 진한 풀내음이 건듯 부는 바람에 묻어온다.

봄볕을 따라 올라와 허공에 손을 흔들, 갈피를 못 잡는 콩꽃 줄기를 목책 사이로 돌려 감아주고 있는데, 집 앞 큰길가에 멈추어 선 승용차에서 정장차림의 중년남자가 내리더니 성큼성큼 타운하우스 정문으로 걸어 들어온다.

뉘 집에 오는 손님이거니 했는데 그 사람은 선글라스를 벗으며, 내 쪽을 보고 아는 체를 한다. 나는 내 뒤에 누가 있나 하고 얼른 뒤를 돌아보았다. 그러는 나를 본 그 남자는 씨익 웃으며 "삼바." 라고 말하더니, 살짝 몸을 흔든다.

순간, 수년 전 삼바와 처음 만나던 날이 데자뷔처럼 떠올랐다. 삼바였다. 체중이 좀 늘어보였지만 좋은 인상은 그대로였다. 반가웠다. 나의 영어실력을 알고 있는 삼바는 또박또박 천천히 무슨 말을 전하고 싶어 한다. 귀를 기울여 들어보니 그 당시 브라질 본사의 급한 호출로 귀국했다가 그대로 브라질에 눌러앉고, 남편 없는 이사에 경황이 없었던 자기 와이프가 제대로 인사 못하고 떠났던 것에 대한 변명 비슷한 사과의 말인 것 같았다. 삼바는 지금 뉴질랜드에 출장 중이라 했다.

나는 삼바댁과 남매의 안부를 뒤늦게 묻는다. 아무려면 어떠랴, 식구 모두 잘 지낸다니 다행이고, 행여 내가 이사갔을까봐 걱정까지 했다는데 거기다 무슨 말을 더할까?

땅바닥에 넘어져도 그 땅을 짚어야만 일어나듯, 그래도 마음써준 삼바가 그냥 고마울 뿐이다. 나 또한 나도 모르게 어떤 이에겐 섭섭함을 남기고 이민 길에 올랐을지도 모른다. 그리고 언제가 될지는 모르지만 다시 먼 길 떠날 때는, 크리스틴처럼 뒤돌아볼 것 남기지 않고 홀가분하게 가고 싶은데, 아직도 소소한 욕심이 마음 속에 더께처럼 앉아 무소유의 길은 아직 요원한 것 같다. 어쩌면 정리 차원에서 선물하셨을 지도 모르는 패랭이꽃을 나는 오늘도 들여다보고 있다. 성긴 가을볕에 할머니의 기억과 함께 꽃도 사위

어 간다.

같은 타운하우스에 위 아랫집으로 몇 년씩 살며 가끔 음식을 나눠 먹기도 하고, 마냥 친한 것 같아도 국적이 서로 다른 이민자들이 헤어질 땐, 설산의 크레바스처럼 냉랭하니 좁혀지지 못하는 간극이 남고 훗날을 기약하는 약속엔 끈끈함이 없다. 내 경우에만 그런 건지는 몰라도…….

삼바댁과 아이들에게 전하는 나의 안부를 마음에 품고 삼바 춤을 추듯 가볍게 삼바는 떠나가고, 키 작은 동양 할머니 '리'가 다시 만나기 쉽지 않을 헤어짐을 지켜본다. 옎렵하지 못한 할머니의 성정으로 별것도 아닌 일로 오랫동안 쌓아놓았던 마음의 빗장을 나도 모르게 열고 있었다. 봄볕이 꽃가루처럼 쏟아지고, 언뜻 매미소리도 들려오는 듯하다.

오늘 아침에도 거미가 내려오더니…….

멀미

꽃밭 맨 앞쪽에 꽃가루를 흩뿌려 놓은 것 같던 채송화는 작고 까만 씨알 들을 품은 채 사위어가고, 그 뒤쪽에 심겨져 있던 보라색 과꽃들이 앞 다투어 피어나고 있다.

퇴락해가고 있던 봉선화의 씨방은 "건드리기만 해 봐라, 팍 터뜨려 버릴 테다!"라고 하는 듯 잔뜩 부풀어 있다. 아이는 품속에서 아주 소중한 것을 꺼내 보듯, 앙증맞은 손을 꺼내 들여다본다.

여름에 들인 빨간 봉숭아꽃물이 손톱의 반이나 자라나 있다. 높아진 하늘과 성근 별은 어느새 가을이 왔음을 알려주고, 붉은 수수 밭엔 고개 숙인 수숫대 위로 빨간 고추잠자리들이 비-잉 빙 원을 그리며 날고 있다.

아이는 동그마니 두 무릎을 세워 치마폭으로 감싸고 앉아, 아침나절 잠깐 지나간 비에 젖어 버린 집속의 진흙을 걷어내느라 줄지어가는 개미들을 눈으로 따라 가며 지켜보고 있다.

한껏 부풀어있는 동그란 민들레홀씨를 꺾어 들고 들여다보다가 볼이 빵빵하게 바람을 모아 입술을 동그랗게 오므리곤, "이 이쁜 걸 불어서 날려버릴까? 말까?"를 생각하며 하늘을 올려다보니, 거기에 또 일찌감치 나온 민들레 홀씨를 닮은 회색 낮달이 그런 아이를 내려다보고 있었다.

아이는, 엄마의 손을 보고, 추석이 가까이 다가 왔다는 걸, 진즉에 알고 있었다.

색이 탈색되고 작아진, 아이의 치마저고리를, 며칠 전부터, 뜯어 물들이느라, 얼룩덜룩해진 엄마의 그 손을…….

전란을 피해 외가가 있는 그곳에 불안한 둥지를 틀고, 벌써 여러 번의 추석을 보내고 또 맞았다. 올해도 엄마는, 작년보다 부쩍 자란 아이에 맞춰, 품을 늘리기도 하고, 말기 속에 들어가 있던, 여분의 길이를 끄집어내면서, 며칠 남지 않은 추석을 준비하고 있었다.

나이 차이가 많은 언니와 남동생뿐인 아이네 집에서,

추석빔에 욕심을 내는 사람은 아이뿐이었다. 전쟁터로 떠난 아이의 아버지 소식은 감감하고…….

늦은 밤, 저녁 지어 먹고 난 남은 불을 꼭꼭 눌러 담은 화로를 방안에 들여놓고, 인두를 달구어가며 천 쪼가리들을 맞추어 저고리를 만들어가는 엄마……. 턱 괴고 앉아 들여다보는 아이의 눈에 엄마는 요술쟁이처럼 신기하게 보였다.

지난 장날 사다놓은 알록달록한 꽃신이 베갯머리 맡에 장난감처럼 놓여 있다. 좀 작은 듯싶은데 바꾸러 가면 다시 안 돌아올 것만 같은 불안함에, 아이는 엄지발가락을 살짝 오므렸었는데, “좀 낙낙해야 내년에도 신을 텐데…….” 엄마는 미심쩍은 듯 엄지로는 고무신 코를 몇 번이나 눌러 보면서 눈은 아이의 얼굴을 올려다보곤 했었다.

며칠 전에는 창호지도 바꾸어 바르고, 문고리 주변엔 코스모스 꽃가지를 펴 바른 후, 창호지를 덧발라 멋을 내고 앉은키만큼의 높이엔 손바닥만한 유리창도 내었다. 아직도 풀냄새가 폴폴 났다. 그 창으로 내다본 마당엔 하얀 달빛이 가득했다. 어디선가 울어대는 귀뚜라미소리를 들으며 얼마간 잠이 들었는가 싶었는데, 갑자기 어떤 짐승의 울부짖음 같은 소리와 함께 부서져라 열어젖힌 문밖으로 방안에 있던 화로를 들어 마당으로 집어던지는 엄마가 보였다.

포물선을 그리며, 날아가는 화로에서, 반짝이며 쏟아지는 작은 불씨들, 아이는 “아, 하늘에도 채송화 꽃밭이 있네.” 흩어지는 것만 보았지, 떨어지는 것을 보지 못한 채 놓아버린 의식……. 뽀글뽀글 게거품을 문 아이의 뺨을 때리며 다급하게 이름을 불러대는 엄마의 목소리가 꿈인 듯 아득하게 멀어져 갔다.

시원한 밤공기를 뺨으로 느끼면서 다시 혼미한 의식 속으로……. 그런데 참 이상한 것은 거기 까진 기억이 어렴풋이 나는데, 정작 추석날엔 엄마가 만들던 자주색치마에 반 회장 노랑저고리, 그 추석빔은 입었던 기억이 전혀 나지 않는다. 코고무신조차도……. 애석하게도 아이가 갖고 있는 그때쯤의 추석은 거기에서 멈춰져 있다. 하늘에 떠 있던 채송화 꽃밭에……. 눈을 꼭 감아야 더욱 선명해지는 그 그림에…….

나는 어릴 적부터 차돌 같이 야무지단 말을 자주 듣고 자랐지만 멀미엔 아주 취약하다. 한 방에 여럿이 같이 있어도 유독 혼자만 예민하게 반응하곤 한다. 귀 뒤에 뭘 붙여보기도 하고 미리 인삼을 씹어 보기도 하고 껌도 질겅거려봤지만, 별 효과가 없다. 병이라고 할 수는 없지만, 때론 어떤 질병만큼이나 힘들고 사람으로서의 품위를 반감시키곤 한다.

좀 먼 길 여행이라도 떠나려면, 떠나기 전의 설렘은 지레 겁먹은 긴장으로 반감되고……. 그러기에 그때의 나는 기차 안에서 삶은 달걀을 하얀 소금에 꼭꼭 찍어먹는 사람들이 그렇게 부러울 수가 없었다. 길 떠나긴 전 무엇을 든든하게 먹기보단 토할 게 겁나서, 오히려 임박해선 거의 굶다시피 하곤 했었으니까…….

어쨌거나, 이젠 먼 길 여행갈 일도 별로 없고 건강도 시원찮으니, 둥근 달을 보며 하릴없이 추억만 뒤적이고 있다. 그때의 엄마는 백세를 눈앞에 보고, 그때의 아이도 일흔을 훌쩍 넘겼다. 오랜만의 고국 방문을 계획해 티켓을 예매해 친구들에게 전화를 걸며

마음은 설레는데, 그놈의 멀미 때문에 걱정이다. 승용차는 뒷좌석에 앉는 것보단 손수운전을 하면 멀미가 좀 덜 하던데, 비행기 조종석을 나에게 맡길 리는 절대로 없을 테니…….

멀미 잘하는 내 생각이긴 하지만, 하루에 한 번씩 커다란 제 몸을 돌리면서 일 년에 한 번씩 태양을 도는 지구, 그리고 그 지구를 돌며 졸졸 따라다니는 달, 수십 년 전 아이가 올려다보던 그 달은 그대로인데 그 달이 내려다보는 지구, 허물어지는 자연과 적지 않은 인면수심의 인간들, 지구도 지금 멀미 중인 건 아닐까?

나처럼…….

스프

레스토랑에서 식사를 하려던 연인들 중 남자가 웨이트리스를 부른다. 달려온 그녀에게 남자는 스프 속에서 꽃무늬가 새겨져 있는 작은 머리핀 하나를 건져 보인다. 두 손을 모으고 지켜보던 그녀는 눈을 깜박이며 잠시 생각하더니 선심 쓰듯 말한다.

"손님, 그냥 가지세요."

나는 매일 스프를 끓인다. 오래 전에 건강을 잃은 남편은 수 년 전부터 스프가 있어야만 약 먹기가 수월하기 때문이다. 스프라는 음식은 국보다 약간 되직하고 죽보다는 묽은데, 끓일 때마다 물 비율을 맞추느라 가늠해 쓰는 냄비와 주걱이 한 쌍이 되어 늘 나를 돕고 있다. 하루에 먹는 분량만큼만 끓이기에 딱 맞는 그 냄비는 오래 전에 양쪽 손잡이를 모두 놓아버리고, 한쪽에만 못 두 개가 겨우 남아있다. 보긴 좀 뭐해도 그 못은 냄비를 들거나 옮길 때 힘을 주는데 도움이 되기도 하고, 함께 쓰는 대나무주걱은 처음보다 훨씬 작아진 모습으로 마치 잘못 닳아 일그러진 구두 뒤축

같다.

아울러 냄비만큼이나 낡아버린 나, 우린 한 팀이다. 서로 도우며 오늘도 스프를 끓여낸다.

사십 여 년 전, 말수는 적고 무슨 말을 하면 웃기만 잘하던 남자가 아직은 덤덤한 마음인 나를 데리고 경양식집에 갔었다. 나무로 된 계단이 발을 디딜 때마다 삐걱거리던 명동 국립극장 앞 그 집, 그 시절엔 흔치 않던 곳을 그때 처음 구경했었다. 까만 나비넥타이를 맨 웨이터가 주문을 받고 접시에 담긴 스프가 나왔다.

"세상에 이렇게 부드럽고 맛있는 음식을 나만 모르고 있었나? 그런데, 왜 이렇게 조금 주는 거야?"

속으로 생각하며 맛있게 먹는 나를 웃으며 건너다보던 그 남자는 주위를 휘이 둘러보더니 보는 이가 없는 것을 확인 한 후, 얼른 손도 안 댄 자기 스프접시와 내 빈 접시를 맞바꾸어 주었다. 그제야 내가 별로 친숙하지 않은 이 남자 앞에서 허겁지겁 스프를 떠먹고 있었다는 것을 뒤늦게 알고 얼굴을 붉혔던 기억이 난다. 책에서 보니 스프는 바깥쪽으로 떠먹는 것이라는 정도는 알고 있었지만…….

그 후 그 식당에 갈 때면 아무렇지도 않게 스프 접시를 바꿔 받아먹었었다. 요즘엔 인스턴트로 나오는 스프 종류도 많고, 입맛대로 손수 해먹을 수 있는 스프레시피도 흔하지만, 그 시절엔 생각할 수도 없는 일이었다. 그때 이미 국비장학생으로 미국에 유학을 다녀온 그 남자는 티본스테이크도 알고 있었고, 포크와 나이프를 사용하는 게 익숙해보였었다. 그리고 그는 밥을 먹고 나올 때면,

늘 지폐 몇 장을 접어서 마시다 남은 말간 물 컵으로 눌러놓고 나왔다.

팁에 대해서는 글로는 읽어봤지만, 줘본 적도 받아본 적도 없는 나는, "도대체 얼마를 남겨 놓았을까? 안 줘도 되는 걸 준 건 아닐까?"를 생각하며 생색도 안내고 나온 뒤쪽이 궁금해서 돌아보면, 흰 천을 네모반듯하게 접어 팔에 걸치고 쟁반을 받쳐 든 웨이터가 몸을 반으로 접듯이 절을 하고 있었다. 지금의 남편이 된 그 남자는 뒤도 돌아보지 않고 앞서가는데…….

스프가 끓기 시작한다. 불을 줄이고 휘젓던 주걱을 냄비에 걸쳐 놓으며 무심히 창밖을 내다본다. 하늘은 파랗고 흰 구름은 멈춘 듯 흐르는데, 몇 번의 접시 바꿈질로 스프를 얻어먹고 수년 째 쑤는 이 스프를 나는 이제 좋아하지 않는다.

다만 젓니도 나지 않은 아기 같은 입 모양새로 약과 함께 떠넣어주는 스프를 받아먹는 남편의 성글고 희어진 머리가 안쓰러워서, 그리고 예전 스프접시 바꾸어줄 때의 그 마음이 한결 같아서 때때로 오늘 하루를 견디는 추임새로 꺼내 쓰고 있다.

숱 많고 반들반들 윤기 흐르던 검은 머리는 다 어디로 가고 "도대체 왜, 그렇게 짱짱하던 건강은 그이의 손을 놓아버린 걸까?" 난 참 많은 세월 동안 하느님을 원망했었다. "왜 우리에게 이런 일이……." 그런데 십여 년 그리 지내다보니 심성만 피폐해지고 내 삶에 별로 이익도 되지 않았다.

그 사이 두 사람 다 칠십을 훌쩍 넘겼다. 이젠 어찌 된다 해도

그렇게 애석한 나이도 아니고……, 아무리 투정부리고 원망해도 결국 하느님께 맡길 수밖에 없다는 것을 오래전에 확실히 알아버리기도 했고……, 좋은날에 속아 불러주신다면 다소곳이 하느님 품에 안길 텐데, 저이의 생각도 내 생각과 같을지 그건 모르겠다.

오랜 세월 부부로, 어설픈 간병인으로, 그리고 지금은 늙은 아기 돌보는 보모가 되어 함께하다 보니 힘들고 짜증도 나지만, 같이 했던 지난 삶과 좋았던 추억들을 반추해보는 시간을 덤으로 받았다고 스스로를 토닥이며 위로한다.

하느님께서 주신 것에 감사할 줄 모르고, 꾸중 들어야 할 일 많은 나를 토렴하시려는 의도셨다면, 하느님의 뜻하신 대로 이루신 것 같다.

이런저런 상념 속에서 나를 건져 올린다. 지금 이 스프 속에서 예쁜 핀이 나온다면 나는 아무도 부르지 않을 것이다. 내 희어지고 성글어진 머리에 꽂고 싱그러운 뉴질랜드의 녹음 속으로 춤추듯 뛰어나갈 것이다.

컴퓨터는 누가

"후뎅이, 너는 10분이면 칠껴, 근디 나는, 독수리 타법으루다, 세 시간 가찹게 걸려 쳐넣었는디, 저녁 할 때 되야서, 보관 키를 깜박 잊어뿔고, 걍 껐더니, 다-아 날아 가뿟네, 에이 떠그럴……."

"ㅎㅎㅎ ㅠㅠ"

"언놈이 컴터는 맹글어 가꼬, 자존심 상혀……. 승질나는 대로라믄 걍……."

"나는 아녀라, 엄니 나는 아니랑께."

"의심이 가는디? 너 아님 최 서방인감……?"

"ㅎㅎㅎ 거그도 아닌 거 같은디."

"니 서방이라구 감싸는 겨 시방? 어림 없구만……. 컴퓨터 프로그래멍께 더 심증이 가는디……. 웃음으루다 스리슬쩍 넘어갈라구 허덜 마라잉, 계속 지켜 볼팅게."

"아니거덩……. ㅎㅎ 워매, 울 엄니 위쩐다, 앞으론 더 요상 시런게 나올 수도 있다는디."

"워쩌긴, 그건 그때 가서 생각혀 볼껴, 그때꺼정 살아있을랑가도 모릉께……. 쫌 쉬었다가 다시 처넣어야지 벨 수 있간디……. 또, 병든 독수리들을 소집혀야지."

"그려 엄니, 머릿속에 다 있을꺼 아녀."

"그건 걱정 허덜 말어……. 전에, 손꾸락 안 아플 때, 써놨던 경께……. 그거 옮겨 치던 겨……."

"담에, 내가 가서 쳐줄텡게, 걍 둬둬유 엄니."

"그려? 그럼 니가 컴터 맹글었어두 용서해 줄랑게……."

"엄니, 고맙구만유."

"고롬고롬 길티 않구……, ㅎㅎㅎ."

어느 날 나와 딸아이의 톡이다. 후뎅이는 수정이가 한창 말 배울 때, 놀림꺼리로 불리우던 애칭이다. '늬 이름이 뭐냐' 물으면, "김후뎅"이라고, 저는 그렇게 말하면서도, 딴 사람이 "으-응! 후뎅이"하면 "아냐 김. 후. 뎅." 시옷 발음이 어려워 그런 줄 뻔히 알면서, 삼촌들이 반복해서 놀려대면, 속이 터져 제풀에 '아앙'하고 울어버리곤 했었다. 바람 풍자를, 저는 바담풍 바담풍 하면서, 너는 바담풍 하지 말라는 우스갯소리처럼……, 요즘엔 어찌 알았는지, 중고등학생인 즈이 남매들한테, 사십이 넘은 나이에 놀림 겸 애칭으로, 재탕을 하고 있는 모양이다.

후뎅이는 컴퓨터 타자를 정말 빠르고 정확하게 친다. 대학교 때 아르바이트로 방송국 대본을 타이핑해주고 제 용돈을 벌어 쓰기까지 했었으니까……. 나야 뭐, 얼마 전에 컴퓨터를 배워서 이제 겨우 이메일을 띄울 정돈데, 그것도 부상당한 독수리타법으로 겨우겨우 체면 유지를 하곤 있지만, 오늘처럼 순간적으로 일어나는 상황은 나를 정말 짜증나게 또, 자존심 상하게도 만든다.

우리 모녀는 경상도 사람도 아니고 전라도에도 연고가 없다. 소속도 없는 말장난으로 그냥 웃자고 하는 짓거리지만 어쩌면 나이 살이나 먹고 저지레 해놓은 실수로 머쓱해져버린 나 스스로에게 향한 너스레 인지도 모르겠다.

그래도 그러고 나면 피식 웃음이 나오고, 별일도 아니라는 자기최면과 함께 약이 올라서 붉어졌던 얼굴이 다소 풀리기도 한다. 언제나 잘 받아주는 딸에게 이때만큼은 반대로 후뎅이가 되어 응석받이가 되기도 한다.

더 발달된 요상한 컴퓨터가 등장한다는데, 노인들을 위한 건 아닐 테고 어찌 보면 요 상태로, 그나마 적당한 세상을 그냥저냥 감당하다 갈 것 같은 생각이 드는 요즘이다.

그러니 이 상황에서 징징거려봤자 모양만 빠지고……. 컴퓨터는 이미 칠십을 넘긴 나까지도 빠르고 편리한 맛을 외면할 수 없는 지경에 이르러 내 생활에도 적잖이 영향을 주는데, 더구나 손가락까지 컴퓨터 신세를 지지 않으면 이젠 글쓰기가 쉽지 않으니 가끔

쳐 놓은 걸 삼켜버린다 해도 살살 구슬려가며 써야할 것 같다.

퇴행성관절염으로 손가락은 마디가 볼록볼록하게 부풀어 오르고, 좀 써먹은 날엔 발갛게 부어올라 통증도 동반한다. 그렇다고 손을 안 쓸 수도 없고 해서. 내 딴에는 치료하느라 침도 맞아 보고 마디에 뜸도 떠 보았지만 늘 그저 그만그만하다.

치료하는 것보다 더 빠른 속도로 몸도 녹슬어가는 걸 누가 막겠

는가? 하긴 70년 넘게 써 먹어도 멀쩡한 것이 있다면 그것이 이상한 거지……. 장난삼아 아는 이들 몇에게 물어보았다.

손가락 아낀다고 아무것도 하지 않는 것하고 언제 어찌될지 모르니 부지런히 써먹는 것, 설문조사 결과는 그냥 반반이었다. 그래서 나는 부지런히 쓰고 나름 치료도 열심히 해보려고 생각은 하고 있다.

얼마 전에는 사위가 만년필을 선물해주었다. 어릴 적엔 누런 갱지에 가늘게 빨간 줄이 쳐진 원고지에 몽블랑만년필로 글을 쓰는 게 그렇게 멋져 보였었는데, 이젠 만년필도 볼펜도 쥐고 써야 할 손가락이 견디질 못한다.

선물로 받은 만년필은 가끔 꺼내보긴 하지만, 아직 한 번도 잉크를 넣어 보진 않았다. 보기에 뭐든 끼적이는 것을 즐기는 장모님을 위한 사위의 소리 없는 응원일 수도 있고, 아니면 곱은 손으로 툭탁툭탁 더디게 치는 자판보다 만년필을 쓰시는 게 어떠실까 하는 건의 차원 일 수도 있겠다, 생각하며 참 많이 고마워한다.

옛말에 색시가 예쁘면 처갓집 말뚝 보고 절을 한다는데, '후뎅이가 쌓아놓은 점수로 말뚝이 호사를 누리고 있는 건 아닐까?'하는 생각을 해본다.

거북과 자라, 그리고 남생이

장남인 남편과 결혼하여 오랫동안 분가해 살다가 막둥이 시동생이 결혼하면서 시어머님을 모시게 되었다. 어머님은 대단한 살림꾼이셔서 집에 있는 양은그릇들은 잘 닦아놓은 은그릇 같고, 간장 된장 고추장은 골마지 하나 끼지 않고 그것들을 품어 안은 항아리들은 반지르르한 게 늘 햇빛에 빛나곤 했었는데, 당신의 살림을 접고 어줍지 않은 며느리의 살림에 얹힌 게 힘드셨는지, 어머님은 아침만 드시면 동전주머니를 들고 노인정으로 가셨다가 해가 설핏해서야 돌아오시곤 했다.

워낙 성격이 원만하시고 따뜻한 분이라 벌써 친구 분도 여럿 사귀신 것 같았다. 어머님은 국내외 출장으로 자주 집을 비우는 애들 아빠의 빈자리를 채워 주셔서 든든하기도 했고, 저녁 설거지가 끝난 후 마주 앉아 늦은 시간까지 십 원짜리 민화투를 치는 재미도 좋았다.

어머님은 나보다 계산이 빨라서 내가 '풍약이 어쩌고, 홍단을 했네. 못 했네.' 궁시렁거리면 어느새 먼저 계산을 끝내고 방석 위에 풀썩 몇 십 원을 던지든가, 혹은 몇 십 원을 내놓으라 하신다. 손속이 좋으셔서 내가 주로 잃는 편이었다. 그러면서도 입버릇처럼 "내레 물맹자야, 물맹자." 평안도 사투리로 말씀하실 때마다, 뭔가 대단한 것을 각인시키듯 "물맹자가 아니구요, 문맹자예요. 어머니." 또박 또박 알려드리면 "기래 기래 물맹자."라 하시며, 어

떤 날은 깔개만 펴놓은 채 이런저런 얘기, 북에서 피난 내려올 때 있었던 일, 또 일찍 먼저 돌아가신 시아버님 얘기 등을 두런두런 오늘이 어제가 되는 줄도 모르게 얘기하기도 했는데, 그 중에서도 시어머님과 함께 남편의 흉 아닌 흉을 보는 재미는 아주 각별했다.

이럭저럭 거의 밤마다 치던 화투판이 내가 먼저 시들해지기 시작했다. 늘 내가 낮에 바꿔놓은 동전들이 밤이 되면 어머님의 동전 주머니로 옮겨 배를 불려주기 때문이다. 누가 그랬던가? 천원을 거저 주는 사이라도 투전판에선 십 원에 의가 상한다는데……그래서 생각하길 이렇게 생산성 없는(어머님은 생산성이 높지만) 투전보단 물맹이신 어머님께 한글야학을 하자고 넌지시 말씀 드렸더니 "내레 어드케 할 수 있갔네."라 하시면서도 거절치 않으셨다. 이 기회에 형님들께도 큰 며느리로서 뭔가 보여드리고 보람도 있을 것 같았다.

오랜만에 뭉쳐진 고부간의 의기투합은 음모처럼 긴장되기까지 했었다. 우선 간단한 사물이 그려져 있고 그 아래 이름이 써져 있는 한글 초보용 책을 구했다. 과연 어머님은 기대 이상 열심이셨다. 그림 밑의 이름을 꼭꼭 눌러 짚으며, 기차, 사과, 사자, 참새 등 쓰는 것도 비슷하게 잘 그리셨다. 외동 따님이신 어머님은 어려서부터 글공부엔 관심이 전혀 없고 바느질과 살림에 재미를 붙여 일곱 살 부터는 아예 부뚜막에 올라 앉아 밥도 짓고 외할머니로 부터 바느질도 배우셨단다. 사진에서만 뵌 뿔 갓을 쓰신 할아버지께선 훈장님으로 남의 집 아이들은 잘 가르치시면서, 당신의 딸이신 나의 시어머님의 고집을 못 꺾어 결국 물맹자로 만들고 말았다.

어쨌든 밤마다 실력이 일취월장으로 늘고 있었다. "어이구 어머니 이제 손주들 군대 가면 위문편지도 쓰시겠는데, 조금만 더하시면……."라 추임새까지 넣으며 재미있었는데, 어느 날 산통이 깨졌다. 거북 그림을 짚으니 "자아라."하고 큰소리로 대답하신다. 어머니와 나는 눈물까지 질금대며 웃고, 얼굴 마주 보고 또 웃었다.

어머님은 글을 몰라 메모하지 못해도 장보기에 빠뜨리는 것 없고 제삿날, 생일날, 인척들의 애경사도 잊지 않으시던 어머니의 야학은 자라사건 이후 끝이 났지만, 언제부턴지, 나는 시어머니를 엄마라 부르고 있었다. 어머님은 비록 물맹자로 평생을 사셨어도, 떠나신 후 아는 이들 하나같이 그리워하고 좋은 분으로 기억하고 있는듯하다. 힘들 땐 감싸 안아주시고, 좋은 말씀만 하셨다. 아니 꾸짖는 말씀도 듣기 좋게 하시고, 잡을 때마다 손이 늘 따뜻하셨다.

이제, 내가 어머니의 그때 나이로 먼 이국 뉴질랜드에서, 영어의 물맹자 되어 하루를 열고 또 닫는다. 그렇게 맛깔나게 지껄이던 내 나라 말은 점점 더듬어지고, 영어는 도무지 진화할 기미를 안 보인다.

비록 거북을 '자라 자라'하고 살지만, 거북으로 들어주려고 귀 기울여주는 많은 이들이 고마운데, 먼 훗날 나 떠난 뒤 영어는 잘 못했어도 좋은 할머니로 기억되었으면 하는 작은 욕심까지도 살짝 끼워 넣으며 앞으로도 고마워하며 살아갈 것이다. 앞으로도 쭈—

욱……. 왜냐하면 나는 어쩔 수 없이 거북을 '자라자라' 하며 살아갈 것 같으니까……

아니 '남생이 남생이'하는지도 모르지……. 그 주말아침 새벽까지 내리던 비가 멎고 해님이 구름사이로 살포시 얼굴을 내밀 때, 그곳 미션베이 주차장엔 벌써 많은 차들이 들어차 있었다. 그다지 많지 않은 빈자리 중 하나에 차를 주차시킨 후, 잠시 누굴 만나고 온 사이 그만 차의 동력이 방전되어 시동이 걸리지 않는다. 몇 번을 시도해보지만 차는 끼룩끼룩 병든 갈매기소릴 지를 뿐, 다시 꺼져 버린다. 순간 나는 "큰일이네! 빨리 가야 하는데……." 혼잣말이 터지고 말았다.

도로 변엔 커다란 버스가 토해낸 많은 관광객들이 건널목을 건

너오기도 하고 또 가기도 한다. 여기저기서 한국말이 들리는 걸 보면 고국에서 온 관광객들인 것 같은데, 반갑기보다 스멀스멀 고립감 같은 게 웅덩이에 물이 고이 듯 고인다.

어찌 해볼 수 없는 군중 속의 고립감, 나는 습관처럼 트렁크를 열고 빨간색과 검은색의 점프 스타터를 찾아 손에 말아 쥔다. 하지만 언제든 양쪽 차 중 한 차의 주인이 와야 될 터이고, 와서도 차를 돌려 엔진 쪽을 내 차와 나란히 해야 일이 해결되니, 문제가 좀 복잡하게 생겼다. 양쪽 차들은 모두 후미가 화단 쪽으로 향해 있고, 그 사이 내 차만이 화단 쪽을 보고 주차돼있기 때문이다. 기도하는 마음으로 어떻게든 도와주시겠지 하는 믿음이, 바다 쪽 싱그러움 속으로 나를 쉽게 걸어 들어가게 만들었다.

너른 공원의 잔디는 보석처럼 반짝이는 작은 물방울들을 잎 끝에 매달고, 간밤에 집을 침수 당한 개미들이 부지런히 굴속에서 진흙을 물어내온다. 잔디 속에 듬성듬성 나 있는 키 작은 클로버는 잔디 깎는 기계에 잘리기 전에 부지런히 꽃부터 피웠다. 클로버 꽃반지를 만들어 왼손 약지에 끼고, 팔을 주욱 뻗고 두 눈을 지그시 뜨고 바라본다. 이젠 많이 늙어버린 손, 그래서 꽃반지는 어릴 적 꽃반지보다 더욱 예쁘다.

시티 쪽으로 보이는 바다에는 하얀 요트들이 엄마가 당겼다 놓은 아기요람처럼 흔들리고, 서쪽 하늘엔 고운 무지개가 흐릿하게 걸쳐있다.

여러 종류의 바닷새들이 깃털을 말리느라 바쁜 모래톱, 그리고 먼 바다를 지나온듯한 바닷내 나는 바람이 폐부 깊숙이 심호흡을

하게 만든다. 그사이 활짝 퍼진 햇살은 맞은편 섬을 감싸 안고 있던 얇은 안개조차 걷어내고 있다.

수묵화의 여백처럼 하지만, 그것은 더욱더 가득한 싱그러움으로 또 촉촉함으로 가슴에 차오르게 한다. 전엔 미처 보지 못했던 소소한 주변의 일상들이 신선하게 와 닿는다. 무엇과도 비교할 수 없는 이 여유와 이 포만감…….

“아! 하느님! 이것이었습니까?”

이민 온지 수개월, 그땐 정말 갈기를 세운 말처럼 달리고, 전선에 앉은 참새처럼 늘 불안하고, 또 잘 소통되지 못하는 언어로 자맥질하는 것 같은 일상 앞에 그날의 한 나절은 나에게 쉼표로 표시된다.

물론 좋은 키위 차주를 만나, 친절하게 차를 돌려 시동을 걸어주고 도리어 그가 즐거워하던 걸……. 좀 오랜 시간을 기다린 후이긴 하지만, 뭐 어떠랴 꽃반지도 끼었는 걸…….

하느님은 우리가 숨차할 때 쉬게도 하시지만, 절망이라 생각할 때 그때 하느님의 사역은 시작된다.

바로 점프 스타터를 흔들기 전부터……

꽃길에서 생긴 일

집 앞 큰 길에서 갑자기 경찰 사이렌이 울린다. 남편은 "또 걸렸다, 또 걸렸어, 아니 왜들 과속을 하는 거야?" 전 같으면 "그러게요."하고 맞장구를 쳤을 텐데, 나는 못들은 척하고 밖으로 나가 겨울비가 간간히 떨어지는 뒷마당에 쭈그리고 앉아 잡초를 뽑고 있다.

얼마 전 장보러 나서기 전 습관처럼 우체통을 열어 보았다. 우편물이 하나 있었는데, 내 앞으로 온 과속벌금 통지서였다. 찍힌 사진 속에 희미하게 웃고 있는 운전자의 모습이 내모습인 것 같기도 하고 아닌 것 같기도 한데, 번호판은 내차가 확실했다.

액수를 확인 한 후 깜짝 놀라서 되들어가 달력을 보고, 날짜를 짚어본다. 남편은 '아직 안 갔어?' 묻는 듯 쳐다보는데, 못 본 척하고 아예 탁상용 달력을 들고 나온다. 차속에서 시간과 장소를 곰곰이 생각해보았다.

'아! 맞다.' 가슴이 쿵 소리 내며 떨어진다. 그때 좀 달리긴 했지만, 어쩌다 사진이 찍혀서 이렇게나 많은 벌금이 나올 줄이야…….

그날 그 길은 전형적인 뉴질랜드 봄날씨로 지루한 겨울비를 견뎌낸 봄꽃들이 한껏 부풀어있었고, 곧게 뻗은 길 양쪽으로 이름 모를 가로수들이 한꺼번에 꽃피어 장관을 이루고 있었다. 늘 집에만 있는 나를 생각해, 강권하다시피 불러내준 친구와 함께 달리면

서 웃고 떠들고 했었다. 몇 번 사양 끝에 나왔는데, 못 이기는 척 나오길 잘 한 것 같아 기분 좋은 하루였었는데, 그 길에 카메라가 있었나 보다.

남편에겐 비밀로 할 속셈으로 곧바로 지정된 은행으로 가서 결코 적지 않은 벌금을 내버리곤 속을 끓이고 있었다. 그 액수면 퍼머를 한 번은 할 수 있었고, 아니면 쌀 한 포대는 살 수 있었을 텐데. 그 벌과금은 한동안 나를 괴롭히며 생활 속에서 수도 없이 산수(算數)를 하게 했었다.

얼마 후 그 일이 흐릿해질 즈음, 남편이 외출에서 돌아온 나를 방으로 부른다. 그리곤 편지 한 통을 흔들며 이게 말이 되느냐고, 보기 드물게 화난 얼굴을 하고 있었다.

"손주가 셋씩이나 되는 할머니가 과속이라니, 후진이나 뭐 다른 실수는 몰라도, 과속이라니 말이 되느냐구?" "에그머니나."

그 편지에는 당신에게 벌과금 고지서를 보냈었는데, 안 냈으면 빨리 내고 냈으면 됐고……. 대충 그런 내용이었다.

나는 "할머니는 과속도 못 하나 뭐. 그리고 그 길에 CCTV가 있는 줄 알았냐구."라며 당치도 않은 변명을 눈물과 함께 쏟아내니 남편은 어이가 놀러나간 표정으로 말도 못하고 쳐다만 본다. 아마도 염치없음과 그동안 감추어오면서 겪었던 마음고생이 억울해서였던 것 같다.

아니 실패한 완전범죄의 허망함일지도 모르겠다. 진즉에 고백했으면, 어깨를 토닥이며 오히려 위로하고 속상한 마음을 함께 했을 텐데…….

쇠스랑에 찍혀 나오는 뿌리채소처럼, 묵은 후회들이 끌려올라오는 잠 안 오는 밤이 있다. 수십 년씩 묵은 크고 작은 잘못도, 그분은 회개했느냐? 안 했으면 빨리 하고 했으면 됐다 하지 않으시고 무던히 참고 기다려 주신다. 그러기에 이 나이에도 저 깊디깊은 우물 속 같은 옛날의 소소한 잘못까지도 되돌아볼 수 있는 때를 주신다.

그런 맥락으로 본다면 나이 들며 밤잠이 줄어든다는 것 또한, 지난 시간을 반추해보라는 그분의 계획이 아닐까 싶다.

빨래

목련꽃도 피었는데 채 떠나지 못한 겨울장마가 질금대며 애를 먹인다. 엊저녁 일기예보에 모처럼 북섬 전체가 해님으로 방글거리더니, 오늘 아침 동녘에 솟아오르는 여명의 빛깔이 아주 곱다.

정신 줄 놓았던 말썽쟁이가 정신 든 것 같이 반갑다.

"그래, 이때쯤의 뉴질랜드는 이래야지."

나는 서둘러 생각했던 것보다 많은 빨래들을 주섬주섬 벗겨내고 뜯어낸다. 모처럼 하루에 다 마를 것 같아 미리부터 기분이 상쾌하다. 탁탁 털어내는 젖은 빨래 끝에 명주올 같은 오색무지개가 피어난다. 그 바람에 졸고 있던 옆집 고양이 몰리가 화들짝 놀라 깨어 휘영청 기지개를 켜더니, 흘기듯 나를 쳐다본 후 꼬리를 살랑살랑 흔들며 햇볕 속으로 들어간다. 영롱한 뉴질랜드 초여름의 싱그러움을 수염 끝마다 매단 채…….

그리운 것은 눈을 감아야 더욱 잘 보인다.

6.25동란을 피해 머물렀던 외가가 있던 그곳. 그곳엔 지금도 강물이 흐르고 있겠지……. 강은 둔덕 나무들의 초록이 그늘이 되어, 진초록으로 투영되고, 깊고 얕음에 따라서도 강물은 그 빛깔들이 또 달라져 보였었다. 녹색과 푸름의 향연이다.

가로지른 철교 밑 교각 부근엔 더욱 더 짙은 푸르름에 잠겨있고, 교각을 받치듯 둘러있는 커다란 바위들은 그늘지고 시원한 자연 빨래터였었다. 강물은 멈춘 듯 흘러가고 흘러가는 듯 교각을 맴돌았다. 끝없이 펼쳐진 하얀 모래사장은 한여름의 열기를 아지랑이로 피워내고, 물가 모래톱엔 작은 조개가 숨어 진주알 같은 기포를 토해내고 있었다. 때로는 흰 모래에 옹긋쫑긋 묻힌 돌들끼리 도란대는 소리가 들리는 듯하고, 저만큼에서 '반짝'하고 빛나는 곳을 보물찾기하듯 뒤지면 돌비늘이 햇볕에 반사되고 있었다.

조용하고 깨끗하고 한가로운 강변, 선객을 한둘 실은 나룻배가, 제 물그림자를 끌고 삐그덕거리며 강을 건너고 있다. 배에 타고 있던 사람이 강물을 손바가지로 떠올려 목을 축인다. 가끔 쿠릉쿠릉 기차가 빨래방망이소리를 휘몰아 함께 데려가고 나면, 매미조차도 낮잠을 자는지 강변은 고즈넉하고, 빨래를 헹구는 물소리만이 고요를 흔든다.

큰 딸을 가을에 시집보내는 친구 엄마는 깃광목을 삶아 뽀얀 모래위에 신작로처럼 펴 널었다가 마른 후 다시 적셔 널기를 반복했다. 네 귀를 조약돌에 눌린 광목은 꼼짝 못하고 길고 뜨거운 여름 햇살을 견디며 그렇게 길게 누워 있었다. 그러는 동안에도 우리들은 헤엄도 치고 다슬기도 줍곤 했었다. 연미복을 입은 것 같은 다

슬기는 모랫바닥에 긴 흔적을 남기면서 어디론가 혼자 기어가고, 물속 내 그림자 속엔 파란 하늘과 구름이 보이고, 또 고개를 갸웃해 보면 새까맣게 그을린 계집아이 얼굴도 그 속에 있었다. 노을녘에 보면 신기하게도 누르스름하던 피륙이 하얗게 바래져 있었다.

돌아오는 길, 논물은 낮에 받은 열기로 절절 뜨겁고, 키 큰 수숫대가 다소곳하게 고개를 숙이기 시작하는 때, 알락뱀 한 마리가 스르르 발밑을 가로질러 지나간다.

몇 년 후 인도교가 세워지고 자운영 꽃이 흐드러질 때쯤, 사공 아저씨는 떠나고 살던 집은 불탄 자리만 흉물스럽게 남아 있었다. 우리 식구도 그때쯤 그곳을 떠났다.

수 십 년이 흐른 후, 내 아이들이 내가 물장구치고 놀던 그때의 나이쯤일 때, 그 강에 데려간 적이 있었다. 각양각색의 파라솔이 내리쬐는 한여름의 태양 볕을 힘겹게 받아내고 있었다. 엉망으로 뒤집어진 모래사장엔 하얀 모래들도 조약돌도 모두 사라지고, 움푹움푹 파인 모래 웅덩이마다 함부로 버려진 수박껍질들이 수많은 파리 떼를 물고 있었다.

댐의 수위 조절로 좌우되는 강물은 형편없이 줄어 있었고, 물밑 자갈들은 이끼가 파랗게 끼어 밟을 때마다 미끄덩거렸다.

아름다운 것은 짧은 침묵을 가져온다. 하지만 그 반대의 경우에도 말을 잊게 만든다.

"다들 어디로, 어디로 갔을까?"

주먹만한 그 무엇이 명치를 치받치며 눈가가 더워지는 것은 분명 더위 때문만은 아닌 것 같았다. 크게 틀어놓은 확성기에선 원로 가수 김정구 씨가 자꾸 '명사십리로 가자'고 노래를 한다. 아이들을 데려온 걸 후회했다. 발전해서 편해지는 모든 것은 너무 많은 보상을 요구한다. 돌아올 수 없는 시간에 대한 투정인 게다. 하지만 오늘 같은 날이면 펄럭이는 빨래그늘에 앉아, 나는 또 하얀 모래밭에 깃광목이 바래지고 운모가 반짝이던 그 강변에 찾아가 앉는다.

모천을 찾아 거슬러 올라가는 늙은 연어처럼…….

2부 사람을 안다는 것

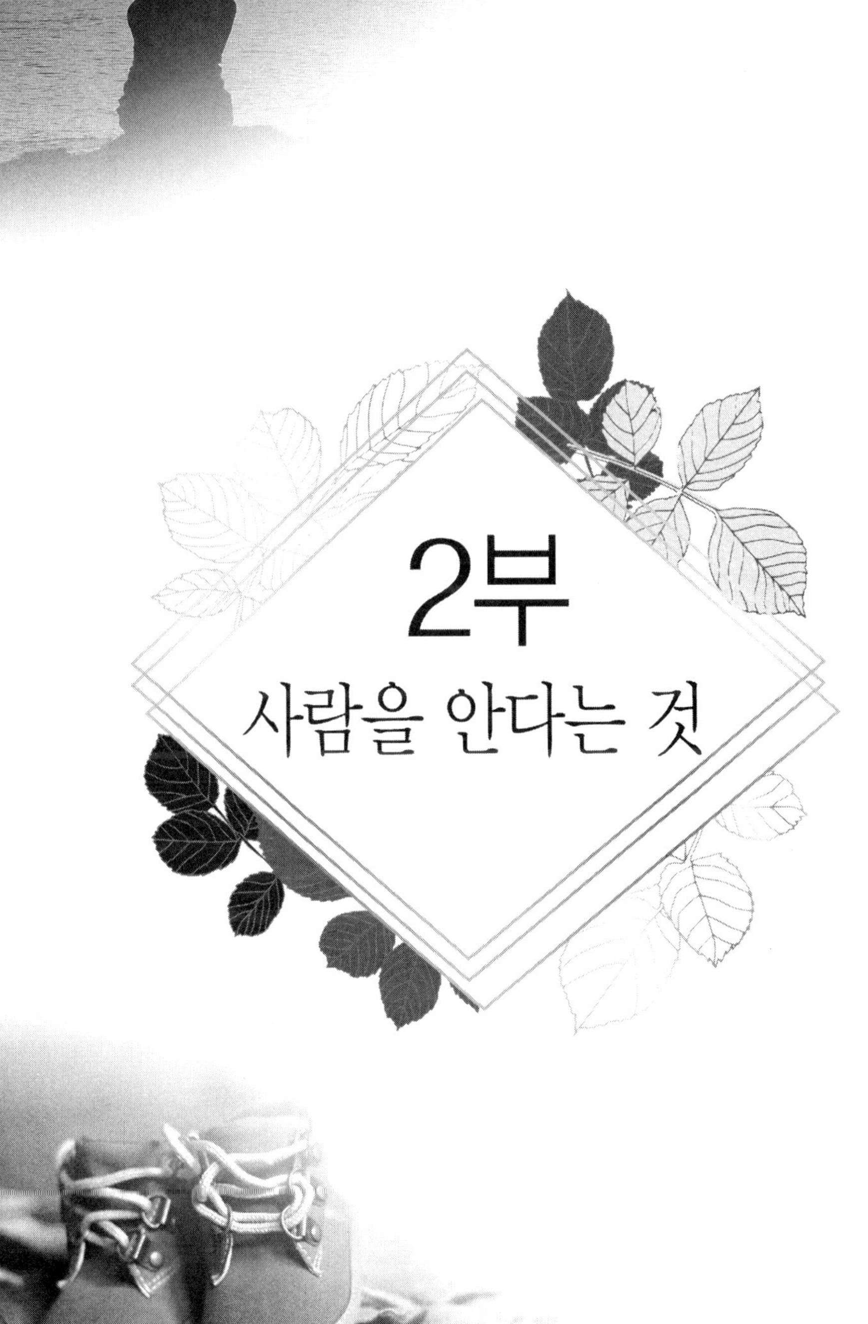

도둑과 서리

터키의 국기처럼 큰 별을 옆에 한 상현달이 초저녁 하늘에 떠있고, 검푸른 하늘엔 뱃전에 부딪혀 흩어지는 하얀 포말처럼 은하수가 끝도 없이 펼쳐져 있다. 별똥별 하나가 포물선을 그으며 산 너머로 떨어진다. 한낮의 더위에 지친 듯 온 동네는 조용하고 개구리 우는 소리만이 밤의 고요를 흔드는데, 가끔 뉘 집 개가 하릴없이 컹컹 짖은 후 끄응 하고 뒤를 끌더니 다시 마을은 고요 속으로 가라앉는다.

높은 뒷산을 이어 어깨동무하듯 작은 언덕들이 동네를 감싸 안고, 따개비처럼 옹기종기 맞대어 앉은 집들엔 불이 꺼진지 오래다. 동네 한가운데로 개울물이 사시사철 마르지 않고 돌돌거리며 흐른다.

어스름한 달빛 속에 마을 끝 제법 큰집 고샅에서 세 남자와 키 작은 소녀가 튀어 나온다. 발소리를 죽이고 경중대는 모양새가 무슨 일을 도모하기 위함으로 보인다. 얼굴엔 검뎅이가 함부로 칠해져 있고, 그로 인해 잇속은 더욱 더 희어 보이고, 행동거지엔 긴장감까지 엿보인다. 남자들의 벗어버린 웃통은 어느새 땀으로 번들거리고, 벗은 바지는 목마를 태우듯 목 양쪽으로 길게 드리워져 뛸 때마다 너풀대고 있다. 대부에 나오는 알파치노의 흰 목도리처럼……. 그리고 그 바지의 아랫단은 짚으로 꽁꽁 여며 묶여있다.

그들은 소녀를 보호하는 듯 앞서거니 뒤서거니 하면서도 힐끗거리며, 개울을 따라 뛰고 있다. 밟힌 자갈들이 둑에서 쏟아져 내리기도 하고, 첨벙 물에 빠지기도 한다. 순간 개구리들의 우는 소리가 끊기고, 밤 나들이 나왔던 가재가 황급히 바위 밑으로 숨고, 물고기 한 마리가 '촐싹' 튀어 올랐다가 내려앉는다.

그들을 통과시키고 나면 개구리 우는 소리는 다시 쏟아지듯 시끄러워지고, 개울은 표면에 비늘이 돋은 듯 반짝이며 흐른다. 그들은 모퉁이를 돌아 작은 모래 벌을 끼고 요새처럼 늘어서 있는 탱자나무 울타리 둑 밑에 모여 앉는다. 그중 한 사람이 올라가 탱자나무 울타리 끝에서 건초 한아름을 들어낸다. 어둠 속에서 개구멍이 '아하' 소리를 내듯 벌어진다. 그다지 크지 않은 구멍 속으로 하나씩 기어든다. 탱자나무의 묵은 가시와 햇 가시가 몸을 찌르기도 한다. 익어가는 풋 탱자 냄새와 어우러져 냄새가 향그럽다. 참외 밭이다.

한켠으론 둥근 수박이 달빛 속에 둥실 떠 보이고, 매캐한 모깃불 냇가 개울가까지 안개처럼 퍼지고 있다. 저 만큼엔 원두막이 보이고 모깃불 연기 속에 하얀 옷 입은 노인이 신령처럼 앉아, 시

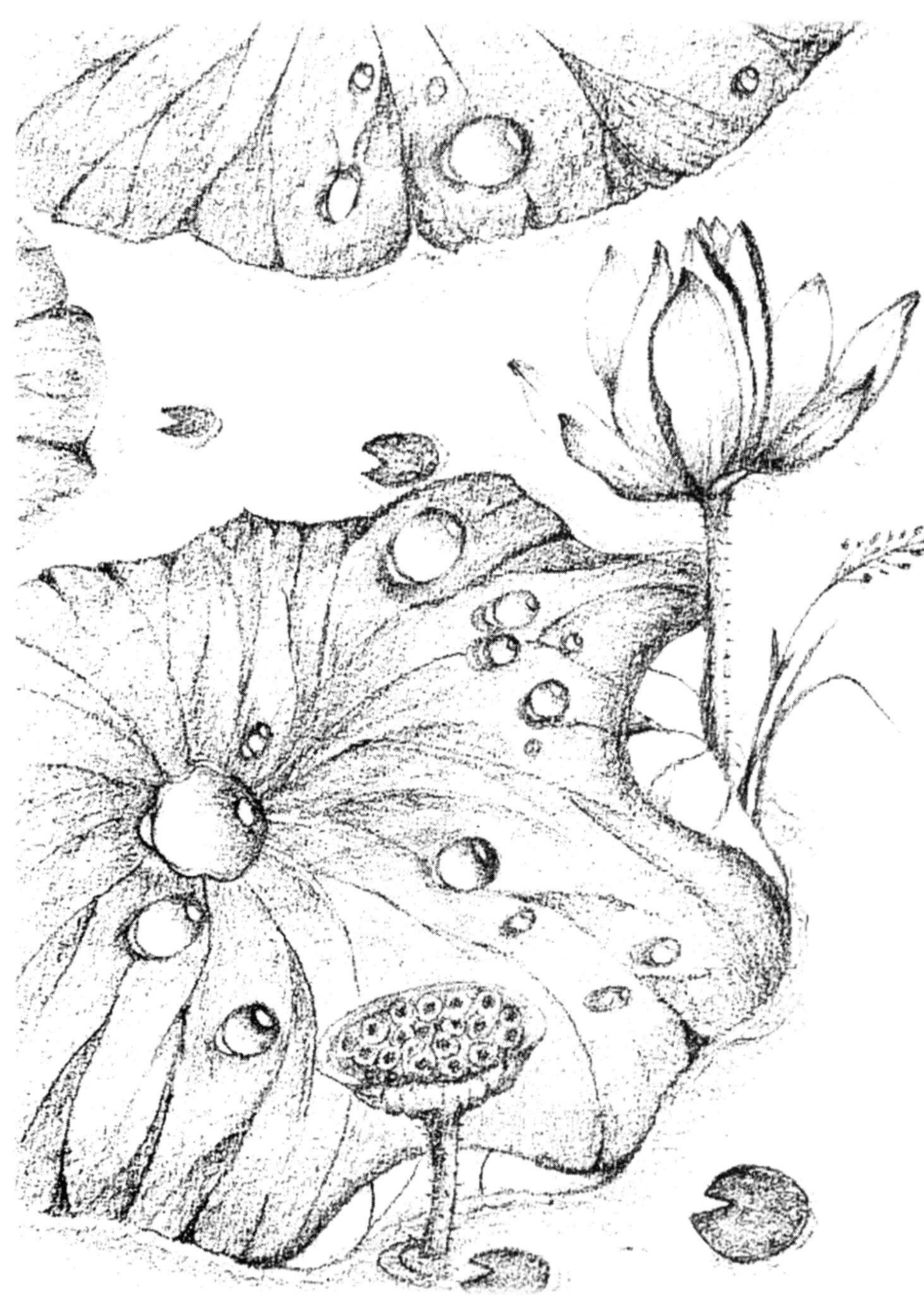

조를 읊조린다.

“처엉산리 벼억개수야 수이가암을 자랑 마라…….”라 하다가 뚝 멈춘다. 앞서 기어가던 하나가 입에 검지를 세워대며 ‘쉿!’한다. 잠시 후 “일도 창해하면…….” 시조가 이어지자 신호처럼, 참외를 따서 목에 늘어뜨린 빈 바짓가랑이를 부지런히 채운다. 사람이 입은 것처럼 탱탱해질 때까지 다 채운다. 참외는 배꼽 께를 살짝 눌러 보아 몰캉한 게 잘 익은 거라지만, 지금 그걸 가릴 새가 없다.

어느새 뒷목이 묵지근하게 차올랐다. 그 와중에서도 와삭하고 참외를 깨무는 사람이 있다. 달다 참 달다. 되돌아 나오는 길, 안 가져가면 손해 보는 것 같은지 한 사람이 밭 가장자리를 휘이 둘러보다가 작대기 하나를 주워, 보이는 것 중 제일 커다란 수박을 더듬어 푹 꿴다. 또 한쪽에도……, 역기의 양쪽 무게 추처럼 꽂은 후 어깨에 메고 그곳을 빠져나온다. 개울가 모래톱에 모여 앉았다. 참외를 먹는다. 수박을 좋아하는 한 사람이 바위에 수박을 던져 깬 후 줄곧 수박만 먹는다.

달큰한 연한 살과 함께 입으로 따라 들어오는 검불을 연신 뱉어내고 떼어내며 먹는다. 킬킬 대기도 하고 웅얼웅얼 대기도 하며 재미나 죽는다. 한참 뒤에서야 모기가 몸을 물어뜯는 걸 느끼는 듯 딱딱 때려 모기를 쫓는다. 수박 두 통을 거의 다 먹은 하나가 배를 두드리며 제일 먼저 물속으로 들어가서 미역을 감는다. 그렇게 한여름 밤이 깊어간다.

해마다 방학이면 찾아 내려가던 큰 집. 집성촌은 아니지만 이렇게 저렇게 얽힌 인척들이 많은 그곳. 외지에서 고등학교를 다니다 방학이 되어 돌아온 오빠들은 모처럼 내려온 여중생이었던 나를 위해 늘 새로운 놀이를 궁리하고 같이 끼워 주었었다.

이튿날 아침, 대청마루에 사촌 오빠가 큰 아버지 앞에 꿇어 앉아있다. "늬들이 한 짓이지?" 큰 아버지의 불호령에 오빠는 기어 들어가는 목소리로 "꼬맹이도 오구 해서……." 그리곤 숙인 고개가 더욱 길어진다.

"늬가 원두막 지킬 때 불러다 편히들 멕일 것이지 꼬맹이까지 델구 뭔 짓이여? 다치기라도 하면 어쩔라구. 허구 참외두 음식인디 그렇게 먹다 버리믄 쓰것냐? 남들 보기 전에 가서 묻을 건 묻고……."

부엌문 뒤에서 앞치마 속에 두 손을 모으고 좌불안석 서있던 큰엄마는 작은 소리로 "엊저녁 쇠죽 솥 밑에서 검뎅이를 긁어 모을 때 알아 봤어야 했는디…….''라고 말한다. 그리곤 등 뒤에 숨어있던 나에게 "으이구" 꿀밤을 먹이는 시늉을 하고 웃는다. 큰 아버지는 짐짓 생각 난 듯 묻는다.

"꼬맹이 너도 수박을 먹었느냐?" 묻는 얼굴이 수염 속에서 웃음을 참는다.

삽을 메고 그 모래 벌로 가기 위해 논둑길을 걷던 오빠가, 따라오는 나를 돌아보며 묻는다.

"세수는 한 거냐?"

그러더니 손가락으로 자신의 침을 묻혀 내 귀밑에 남아있던 숯검뎅이를 문질러 닦아낸다. 간밤에 '그것만은 칠하지 않겠다'며 도

리질치던 나에게, '이걸 안 칠하면 끼워주지 않겠다.'고 해서 할 없이 그렸던 그 흔적들을…….

모래 벌 여기저기에 흩어져 있는 참외 수박들, 채 익지 않아 한 입 베어 물고 던져버린 참외, 대충 발라먹은 빨간 속살이 꽤나 많이 남아있는 수박들이 어지럽다. 구덩이까지 파고 잘 묻는다.

다 묻고 난 한켠에 작대기 하나가 길게 누워있다. 건너 마을 오빠가 수박을 꿰어 메고 왔던 그것이다. 그 작대기엔 인분을 휘젓고 말라 붙어버린 검불들이 아직도 꽤 많이 엉겨 붙어 있었다. 오빠는 삽을 세워 의지한 채 눈물이 나올 정도로 웃고 또 웃는다. 나도 따라 웃는다. 햇살이 퍼지기 시작한 하늘이 구름 한 점 없이 높고 파랗다. 오늘도 꽤나 더울 것 같은 아침이다.

좀도둑을 예방하는 여러 가지 방법이, 번호 순으로 적혀있는 교민지를 보고 나온 날, 푸드타운엔 각 잡아 잘라 얌전하게 랩 해놓은 수박이, 타임머신을 태워 먼 옛날로 나를 돌아가게 했다.

도둑과 서리의 차이는 무엇일까? 단발머리 여학생과 칠십을 넘긴 할머니, 모두 떠나버린 오빠들, 찰라 같은 세월 사이로 수박만이 그때의 수박인양 빨갛게 웃고 있다.

시간은 모든 것을 삼킬 뿐, 결코 돌아오지 않는다.

한글이의 생일날에

하버다리 건너 북쪽, 그곳엔 한국도서 코너가 있는 도서관이 있다. 언제나 그곳은 깊은 바닷속 같다. 사서들은 흔들리는 수초처럼 조용히 각자의 일을 하고, 가끔 컴퓨터 자판 두드리는 기계음과 책장 넘기는 소리만이 고여 있던 정적을 흔든다.

한국 아주머니 한 분이 무릎 담요까지 덮고 의자에 앉아 책을 읽다가, 눈이 마주치자 후덕하게 웃는다. 아마도 오늘은 책을 읽으리라 마음 단단히 먹고 나온 듯하다. 또 다른 한 사람은 추리닝 차림의 덩치가 커다란 중년의 남자, 맨발에 슬리퍼 차림에 구부린 엉치께의 미처 여며지지 못한 살이 허옇게 드러나 있다. 가까운 곳에 살고 있는지 아주 편안한 차림이다. 무릎을 꿇고 문고판 책을 읽고 있다.

한쪽 팔꿈치로 누르고 있는, 애벌로 골라놓은 듯 쌓아놓은 책들이 피사의 사탑처럼 위태하다. 나도 수필집 한 권을 꺼내 몇 장 넘겨보는데, 포르르 무언가가 떨어져 그 남자의 무릎 앞바닥에 떨

어진다. 남자가 나를 올려다보더니, 떨어진 것을 집어 빙긋 웃으며 건네준다. 빛바랜 네 잎 클로버다. 받아들고 들여다본다. 이 네 잎 클로버는 고국에서부터, 이 책과 함께 여기에 온 것일까, 아니면 뉴질랜드의 풀잎일까 하는 생각에 잠시 잠겼다가 원래 있던 갈피에, 부서지지 않게 잘 끼워 넣는다.

나는 이 공간이 참으로 고맙다. 묵은 종이내음도 좋고, 마음대로 읽을 수 있는 한글로 된 책들이 있어서 좋다. 이 나라에 살면서도 영글지 못한 영어 실력으로 자맥질하듯 하루를 사는 나에겐, 해녀의 숨비처럼 숨을 고르는 공간이기도 하고…….

우리 글 한글을 배우고 싶어도 마음대로 배울 수 없고, 말조차도 마음 편히 할 수 없었던 그런 시절이 있었다. 또 우리글을 지키기 위하여 애쓰신 선조들을 생각하면 고맙기도 하고, 마음이 짠하다.

그러기에 지금을 사는 사람들은 이를 잘 다듬고 아름답게 쓰다가, 후세에 물려주면 좋을 텐데 많은 외래어와 가당치도 않게 줄여 붙인 신조어들과 컴퓨터용어 등은 나를 빠른 속도로 바보로 만들고 있다.

영어권인 뉴질랜드에선 한국인도 영어를 주로 쓰게 마련이다. 영어 때문에 힘들어하는 경우도 많이 보지만 영어를 현지인과 똑같이 구사하는 이들도 종종 보게 된다. 정말 멋지고 대단한 일이다. 자랑스럽기도 하지만 한글 문법도 잘 알고 영어까지 잘한다면, 더욱 멋질 것이라는 생각을 해본다. 가지고 있는 정서나 민족성이 서로 다른데, 그 근본 뿌리를 깊은 데 두지 못하면 우리 스스로 자손들에게 부끄러운 일이 생길지도 모르기 때문이다. 선조들은 그것까지도 염려하셨음일까, 일제의 수난 36년 동안, 목을 비트는 고통 속에서도 말과 글을 지켜내셨으니…….

난 아무리 멋지고 곱게 생긴 사람이라도 한글 철자법이 엉망이라면 좀 색안경을 끼게 된다. 연식이 오래된 할머니가 영어가 시원찮으니 괜한 투정이라고, 말을 들어도 나는 괘념치 않는다. 그렇다고 나는 잘한다는 그런 소리는 결코 아니다. 나도 뭘 좀 써보려면 수도 없이 한글 사전을 뒤적여야 하고, 요즘엔 바뀐 철자법까지 내가 주눅 드는데 한몫을 한다.

한글은 열 개의 모음과 열네 개의 자음이 서로 도와서, 한 글자가 됨을 모두 알고 있다. 아름답고 배우기 쉽고 과학적인 글자임을, 유네스코에서도 인정했으며, 최근엔 문자가 없는 나라에 수출까지 한다니, 먼 후일 한글을 쓰면서 그 어떤 나라를 여행할 수도 있지 않을까 기대해본다.

한글은 아홉 번째 모음과 열세 번째 자음이 조합되면 '프'자가 된다. 이 글자는 언제나 안 좋은, 부정적인 뜻으로 쓰인다.

아프다, 슬프다, 배고프다, 헤프다, 어설프다 등. 사람은 살면서 아프거나 슬픈 일이 없기를 바라고, 보고픈 사람은 언제든 볼 수 있으면 행복해 할 것이다. 또, 배고프게 사는 사람이 있어서는 안 될 일이며, 주어진 환경에서 헤프지 않게 세월을 아끼며, 한 번뿐인 삶을 어설프지 않게 꾸린다면 얼마나 좋을까……. 또 그것이 곧 우리가 바라는 하느님의 나라가 아닐까……. 어떻든 좋은 우리글이 있기에, 다른 수식어 없이 오직 성경이라는 이름으로 내 앞에 있는 하느님의 말씀도, 쉽게 읽을 수 있으니 좋지 않은가…….

올해로 오백일흔 세살 먹은 한글이의 생일을 맞아 질곡의 역사 속에 서도 빛나게 살아남은 그대에게 마음으로 꽃 한 송이를 바친다.

왜냐하면, 이 나라에서 한글로 마음을 그려낸다는 것은 내가 살아 숨 쉬고 있다는 표현이기 때문이다.

해녀의 숨비처럼…….

휴가

내 차는 큰 사거리에서 우회전을 하려고 신호를 기다리고 있었다. 직진을 하려는 차들은 두 차선이 꽉 차서 길게 늘어서 있고 우회전 차선은 비어 있어, 차를 몰고 안쪽으로 밀고 들어가, 맨 앞에서 신호 대기 중이었었다. 그런데 갑자기 어떤 차가 달려와 내 차의 후미를 들이박았다.

'빡'하고 엄청난 소리와 함께, 고개가 뒤로 확 꺾이면서 차가 출렁했다. 찰라 같은 그 순간에, "아! 사람들이, 이렇게 교통사고를 당해 죽는구나."하는, 생각이 들었다. 신호 대기 중이던 옆 차선의 사람들과 주변의 모든 시선이 우리 쪽에 집중되었다. 나는 우선 목을 돌려 보고는 괜찮은 것 같아, 침착해야지 하는 생각을 하며 내려서 뒤로 갔다. 내차의 뒷범퍼가 엉망으로 쭈그러져 있고, 뒤차 안엔 중년의 아줌마와 칠·팔세 정도의 쌍둥이인 듯한 남자아이 둘이 타고 있었다.

아줌마도 우두커니 경황이 없는 얼굴을 하고 있었다. 그러고 있

는 동안에 신호가 떨어졌고, 뒤엔 달려온 차들이 밀려 있었다. 계속 거기서 옥신각신할 처지가 못 되었기 때문에 나는 서툰 영어로 나를 따라 오라 말하곤, 그녀의 차 넘버를 속으로 열심히 외웠다. 혹시 따라 오다 도망갈지도 모르니……. 그래도 순순히 옆 골목까지 따라와 길옆으로 나란히 차를 세우곤 내가 말했다.

"나는 영어를 잘 못한다. 내 딸이 가까운 곳에 살고 있으니, 딸이 올 동안 기다려 줄 수 있겠나?"고 말하니 그러마고 고개를 끄덕인다. 그 부인도 적잖이 당황하고 있는 듯 보였다. 고마웠다. 두 아이들은 길가 잔디밭에서 천진하게 놀고 있다. 득달같이 달려온 딸이 마주 서서 서로의 전화번호를 교환하고, 보험회사의 이름도 주고받은 후 헤어졌다.

딸아이는, 내 등을 쓰다듬으며 "엄마 놀랐겠다. 아줌마가 나쁜 사람은 아닌 것 같네, 전화 잘 했어" 그제서야, 긴장과 함께 다리가 풀려 잔디밭에 주저앉았다. 한국말로 하는 거면 딸을 급하게 튀어 오게도 안 했을 텐데, 잡담하는 것도 아니고 이해상관이 얽힌 일이라 어쩔 수 없는 상황이었다. 영어 짧은 이민자의 비애라고나 할까…….

대충의 사건 전말은 이러한데 누구에게 말해도, 내가 잘 못 한 건 아무것도 없는데 그쪽에서 사인을 안 한다고 한다. 보험회사에선 정비공장에 나와 보고 폐차를 결정했는데도, 무슨 연유에선지 그녀는 잘못을 인정하지 않고 있었다. 이러구러 시간이 흘러 두 달이 지났는데도 감감 무소식이다. 아는 이들은 '통장에 사고보험료까지 들어왔는데 뭘 걱정 하느냐, 가만히 있으면 된다.'고 하지만, 끝나지 않은 일은 늘 개운치도 않고 신경이 쓰였다.

한여름이 되었다. 뉴질랜더들은 휴가철이 되면 어디든 떠나고 본다는, 우스갯소리가 실감 날 정도로 시가지는 한가롭고, 그렇게 보아서 그런지 남아있는 이들이 안 돼 보였다.

그중의 하나가 '나'이지만, 난 늘 떠나는 이들에게 '오클랜드는 내가 지킬 테니, 걱정 말고 다녀오라'는 말로, 나 스스로를 위로하는데 어느 날, 잊고 지내던 차사고 문제로 법원으로 출두하라고,

날짜와 시간까지 정해 편지가 날아들었다. 마침 휴가의 절정이었다. 도시에 살던 이들은 시골로 가고 빈자리는 관광객들이 메꾸고, 그 무렵엔 관공서들도 조금은 느슨해져서 볼일이 있으면 휴가 전에, 아니면 휴가가 끝나야 모든 게 정상으로 돌아가는 형편인데, '판사님들은 휴가도 안 가시나' 하는 안 해도 될 걱정을 한다.

나야 늘 집에 있는 상황이어서 걱정은 없었으나, 통역문제나 만약 차를 끌고 나가면, 주차는 어디에 해야 하나 하는 게 또 다른 걱정거리로 법원에 가본 경험이 있는 이에게 물어보기도 했다. 모두가 사소한 문제지만 어찌 보면, 나에겐 스트레스였다.

그날이 코앞으로 다가왔다. 이미 닥친 일이고 나는 잘못 한 일이 전혀 없는 것 같은데도 마음이 심란했다.

그런데 출두 며칠 앞두고 보험회사에서 연락이 왔다. 그녀가 사인을 했단다. 나는 그동안 그녀가 사인을 안했던 이유는 모르지만, 사인을 한 이유는 알 것 같았다.

찬란한 뉴질랜드의 여름이 무르녹고 있었다.

고국 기행

20년 넘는 이민 생활 중 중간쯤에 딸아이의 결혼식을 치르려고 한 번 다녀오긴 했으나, 그땐 바빠 경황도 없고 서울에서만 지냈지 이번처럼 어릴 적 고향 T시를 찾은 것은 처음이니, 정말 오랜만의 방문이었다.

바쁜 중에 그동안 연락이 끊겼던 친구를 수소문해 만나고, 먹고 싶었던 음식은 먼 곳까지도 찾아다니며 챙겨 먹었다. 처음 가본 찜질방에선 수건 돌돌 말아 양머리도 해보고, 옆에 앉은 친구의 머리통에 삶은 달걀도 두드려 깨먹으며, 별 것도 아닌 일에도 흰머리 소녀들은 지난 세월 속을 역류하듯 단발머리로 돌아가 웃고 떠들었다.

사실 내가 해보고 싶다든지 먹고 싶은 매운 닭발, 순댓국밥, 청국장 등, 이름만 들어도 한국의 토종 냄새가 폴폴 나는 것들은 그렇게 대단한 것도 아니어서 친구들은 먹고 싶었던 것들이 겨우 이런 거였냐며 놀렸는데, 내가 생각해도, 몇 십 년 만에 만나 먹는 음식치곤 너무도 소박한 것들이었다.

그러게 그것은 아마도 배를 불리는 음식이기보단 아마도 아련한 그리움을 퍼 올리는 또 다른 언어이지 싶기도 했다.

그런데도 고기 흔한 나라에서 온 나에게 굳이 스테이크나 고기

요리를 사주고 싶어 하는 친구 때문에 웃기도 했었다.

그날도 나는 어딘지도 모르는 산골짜기에 순두부를 아주 잘 한다는 집까지 실려 갔다. 어찌 알고 모여드는지, 오래된 기와집 앞마당엔 먼저 온 승용차들이 그들먹하다. 하긴 뉴질랜드에 살고 있는 나도 여기까지 찾아왔으니…….

돌아오는 도중엔 숯가마 찜질방도 경험했다. 느긋한 마음으로 숙소로 들어가기 전 일행들을 먼저 들여보내고, 땀도 빼고 출출하니 수다 떨며 먹을 군것질거릴 사러 나섰다. 돌다리가 걸쳐있는 개울 건너엔 선물가게가 즐비하고, 사이사이 삶은 옥수수나 군밤, 어묵꼬지 등을 파는 상인들이 한가한 길을 두리번거리며 눈으로 대충 훑고 지나가는 나와 눈길을 맞추려 애쓴다.

몇 백 년 묵은 사찰이 T시와 인접해있긴 하지만, 예전엔 지금처럼 가깝게 느껴지지도 않았고 쉽게 올 수 있는 곳도 아니었다. 그 시절보다 더 나이 먹은 고찰은 그대로인데, 그 시절엔 없던 매표소 바깥세상은 휘황찬란하고 복잡하게 변해 있었다.

잠시 후 내가 멈추어선 곳은 어느 선물가게 귀퉁이에 있는 호떡을 구워 파는 가게였다. 말이 좋아서 가게지, 철판 하나 얹혀있는 화덕이 전부였다. 그런데 호떡을 굽는 젊은이의 외모가 요즘 들 말하는 꽃미남으로 보기 좋은 체격에 피부까지도 삶은 달걀을 까 놓은 것 같이 매끈하고 고왔다. 어느 아이돌 그룹에서 보았음 직한……, 손놀림이 서툰 그 젊은이 주변엔 손님은 아닌 것 같은 늙수그레한 점퍼차림의 남자 둘이 팔짱을 낀 채 지켜보고 서 있었다.

내가 관심을 보이니 자기네 재료는 밀가루가 아니고 흑미 찹쌀이라고 자랑이 늘어진다. 그리곤 묻지도 않았는데, 한 사람은 아버지이고 마주 서서 계속 참견을 하던 자기는 기술을 전수한 사부님이라 했다.

더욱 놀라운 것은 오늘이 개업 첫날이고 나는 그의 '첫손님'이라 했다. 젊은이의 실력은 실수투성이이고 사부님의 잔소리는 그와 비례하고 있었다. 이제 와서 딴 가게로 가기엔 내가 모질게 생각되어 지켜보고 있는데, 이미 망가진 호떡 패잔병들은 깡통 속에 모여 있고, 철판 위에서 구워지고 있는 현역 호떡들도 바람직하게 구워지고 있진 않는 것 같았다.

쉽게 해먹을 수 있는 제품으로 나와 있는 가루를 사다 가끔 나도 집에서 구워서 먹는데, '이 청년보단 내가 훨씬 잘 굽겠다' 자신한다. 이곳저곳 툭툭 터지며 튕겨져 나오는 견과류와 함께 쪼로록 흘러나오는 노릿한 물은 젊은이를 더욱 난감하게 하고, 생 반죽을 떼어 구멍 난 곳을 땜질하는 청년의 손이 뜨거운 철판 위에서 부들부들 떨고 있었다. 누름이를 눌러야 할 때와, 뒤집어주어야 하는 타이밍도 잘 못 맞추고……. 혹여 바로 앞에서 지켜보고 있는 나 때문에 긴장해서 허둥대는 건 아닐까 생각이 들어, 돈을 적당히 계산해 미리 내놓고, 잠시 뒤에 올 테니 구워놓으라 이르고 괜히 선물 가게도 기웃거리고, 개울물도 내려다본다.

이제 막 단풍 들기 시작한 저 산 어디쯤에서 여름을 보내고 성급하게 낙엽이 되어 떠내려 온 걸까? 쫙 편 아기 손바닥 닮은 빨간 단풍잎이 흰 구름과, 파란 하늘이 잠겨 있는 물길을 따라 한들

거리며 멀어져간다.

그러나저러나 저 젊은이는 어쩌다 저 업종을 택했을까? 호떡을 구워서 자립은 할 수 있는 거며, 세월 지난 후 식솔은 먹여 살릴 수 있을까? 하릴없는 생각에 잠기다가 다들 기다릴 텐데, 괜히 오지랖 넓게 첫 손님이라는 말에 발목이 잡혀있는 건 아닐까 하다가 짐짓 어떤 생각에 붙들린다.

옛날, 첫아이를 낳은 후 산후조리를 끝내고 시어머님이 본댁으로 돌아가셨다. 한 달 동안 물 한 방울 안 묻히고 아무 일도 못하게 하시던 어머님이 가시자, 겁도 나고 당황스러웠다. 살림살이가 서툰 탓도 있지만 꼬맹이 식구 하나 더 늘었을 뿐인데, 무슨 자질구레한 일이 그리 많아졌는지, 하루 종일 바닥에 엉덩이 내려놓을 겨를이 없었다.

세탁기가 없던 시절이니 손빨래 후 삶아야 하는 헝겊 기저귀는 물론이고, 어질러놓은 아기 빨래가 늘 밀리고 만다. 남편을 출근시킨 후, 연탄아궁이 공기구멍을 열어 아랫목을 덥힌다. 목욕 후 갈아입힐 아기 옷은 요 밑에 넣어두고 목욕을 시킨다. 해야 할 빨래는 더 많이 늘어났다. 젖을 빨고 있는 아기의 젖은 머리를 손으로 빗질해 깻잎처럼 뉘어 붙이고, 토닥토닥 땀띠분을 발라준다. 얼굴이 얼룩덜룩하고 제 팔 길이보다 훨씬 긴 소매의 옷을 입혔지만, 아기는 아무 불만 없이 물고 있던 젖꼭지를 놓고 스르르 잠이 든다.

아기를 목욕시키고 나면 이상하게 엄마도 시원해지며 잠이 쏟아진다. 아기가 자는 동안 밀린 일을 해 놓아야 하루가 좀 수월 한데, 그땐 왜 그렇게 시도 때도 없이, 잠이 쏟아지던지……. 잠과 일, 매일 이 순간마다 갈등을 하곤 했었는데, 꼭 그럴 때 쩌렁쩌렁 아파트를 울리는 "생선 사세요-오"하는 그 소리는 아파트 여러 동의 벽을 디딤돌 삼아 메아리로 퍼져 나가며, 달콤한 선택의 순간을 앗아가 버리는 것은 물론이고, 곤하게 잠들었던 아기까지 놀라 입을 비쭉거리더니 울기 시작한다. 저 소리는 내가 나가지 않으면, 그치지 않을 거라는 것은 나만의 생각이었을까?

일주일에 두어 번씩 오는 생선장수 내외는 계절에 따라 과일을 싣고 오기도 하고, 혹은 푸성귀로 리어카의 물건들이 바뀌며 자연히 서로 얼굴을 익히고 단골이 되었다. 지대가 높고 시장이 먼 데다, 아기 때문에 장보기가 쉽지 않은 나에겐, 고마운 거래처이기도 했었다.

때론 필요한 물건을 미리 주문을 해서 받기도 했었는데, 부부는 추운 겨울엔 되는대로 여러 겹의 옷을 껴입고 신발도 남의 눈을 전혀 고려하지 않은 모양새로 거의 남루한 차림이지만, 늘 당당하고 우렁찬 목소리로 외쳐댔다.

일에 지치고 잠이 모자라 휘적이며 나오는 나를 본 내외는, 미안한 듯 "애기엄마가 마수걸이를 해주면 그날 장사가 잘돼서……."라 한다. 그러면서 뭐든 조금이라도 팔아주면, 받은 돈에 침을 퉤퉤 뱉던가, 아니면 머리에 쓱쓱 문지른 뒤 부인의 허리에 차고 있는 때 묻은 카키색 전대에 접어 넣곤 했었다. 딱히 듣기 싫은 말은 아니었지만 그 말이 정말인지 상술로써의 전략인지 알 수 없고, 또 나에게만 그러는지 어느 손님에게든 입발림처럼 하는 소린지 그것 또한 모호했었지만, 그런 의심을 해본 것조차도 오랜 세월이 지난 후였다.

여름철엔 이른 저녁을 먹고 나오신, 아파트 할머니들이 모여 앉아 애기꽃을 피우시는데, 늘상 허둥대는 내가 안쓰러웠는지 잠깐씩 아기도 맡아 주면서, "빨리 가서 기저귀 걷어, 갤 거 있으면 가져오구, 노는 손 많은데……. 밥 안 먹었으면 먹고 오구……."라 했다. 늘 서서 급하게 끼니를 메우며, 어르신들의 그런 말씀들이 마음 뭉클하게 고마웠다.

그러다가 우연히 리어카 부부 애기가 나왔다. 아이가 여럿인데 지금 또 만삭이고, 집이 여러 채로 아주 부자라고 했다. 그 말은 나를 묘한 감정에 빠져들게 했었는데, 어쨌건 내가 마수걸이를 하면 그날은 장사가 잘 된다는 생각만은 고무래 끌듯 하고 태평양까지 건너왔다.

고로 나도 모르게 저 청년의 사업에 마수걸이를 해야만 하는 사명감을 안고 기다리고 있는지도 모른다. 사명감이 아니었으면 배도 부른 이 상황에 긴 시간 호떡이 익기를 기다릴까?

이러구러 생각에 잠겨있는 동안 컬러풀한 등산복을 입은 아가씨

둘이 종이컵에 말아 담은 호떡을 호호 불어 뜯어먹으며 지나간다. 이젠 공정이 원활하게 돌아가고 있나……?

너무 늦으니 무슨 일이 생겼나 하고 일행 중 하나가 찾아 나왔다. 청년에겐 수고했다는 뜻과 파이팅하라는 뜻의 눈인사를 건네고 남아있는 호떡을 사들고 돌아왔다. 그런데 호떡이 누름이가 눌러준 가운데 부분을 빼곤, 가장자리가 덜 익어서 생쌀가루 냄새가 났다. 밀가루보다 찹쌀 익히기가 더 어려운 걸까? 우리는 누름이 자국만 발라 먹고 버리고 말았다.

다음날 개울 건너 그 청년이 출근을 했나 살펴보았다. 일렁이는 나뭇잎들 사이로, 모자이크처럼 청년의 얼굴이 보였다. 나는 그냥 지나가던 길이었던 것처럼 하고, “어젠 많이 팔았어요?” 그리곤, 사부님이 못 알아듣게 몸을 앞으로 숙이고, “가장 자릴 좀 더 신경 써야겠어요”라 말했더니, 순간 청년의 얼굴이 단풍잎처럼 붉어진다. 쉽게 붉어지는 그 얼굴은 헤쳐 나가야 할 그의 앞날을 보듯, 애잔하게 오래도록 뇌리에 남았다.

며칠 째 뉴질랜드에 겨울장마가 계속되고 있다. 뜨거운 차 한 잔을 감싸 쥐고 창밖을 본다. 뒤뜰에 깔린 나무데크에 말라붙어 있던 이끼가 파랗게 되살아나고, 건들 불고 지나가는 잔바람에도 갯내음을 피워 올린다. 듬성듬성 매달렸던 늙은 플라타너스 잎이 비에 젖어 툭하고 떨어진다.

호떡을 팔던 고국 청년의 얼굴이 오버랩 된다. 티브이 화면 속에서 내리던 고국의 첫눈에도 가슴이 시리더니, 장맛비 떨어지는 뒤뜰을 보며 또 청년을 걱정한다. 그곳은 특히 날씨에 민감한 동넨데…….

이는 손주를 걱정하는 할머니의 마음과 마수걸이 한 사람으로서의 책임감 같은 것일 게다. 수 년 후부터 한국은 청년 한 사람이 부양해야 하는 노인이 몇 명씩이라는데……. 하지만 누가 알겠는가? 먼 훗날 호떡집체인점 CEO가 되어 그가 내는 세금이 여러 노인을 부양할 런지도……. 그러기에 겨울 장마가 한창인 이곳 뉴질랜드에서 아무도 모르게 걱정으로 응원을 대신하고 있다.

생각해보면 지금 고국엔 앳된 녹음이 구름처럼 피어나고 있을 테고, 산사를 찾는 이 들은 찬란한 유월 속에서 다들 행복해할 텐데…….

이민 생활 이십 년이 넘어도 아직도 깜박깜박 헷갈리는 정 반대의 계절 속에서, 식어가는 찻잔을 들고 나에게 조차 잘 들리지 않는 소리로 기도하듯 궁시렁거리고 있다.

"호떡집에 불나듯 손님들이 모여들었으면……."

탈모

머리를 감을 때마다 머리카락이 겁나게 빠진다. 이대로 가다간 정말 머리가 남아나기나 할까 걱정이다. 갈수록 줄어드는 머리숱도 걱정이지만 남아있는 머리도 결이 가늘고 힘이 없다. 어렸을 때는 숱이 너무 많아 머리를 솎아 내기도 했었다. 한 겹씩 걷어들고 가로로 주욱, 마치 다랑이논처럼 잘라냈는데, 며칠 후 잘렸던 머리들이 한꺼번에 자라나 구둣솔처럼 빳빳하게 서있는 게 손으로 만져져 엄청 울었었다. 엄마는 '며칠만 참으면 또 자라니까 괜찮아 질 거라' 달래면서도 모양새가 웃겼든지, 고갤 돌리고 웃음을 참는 걸 보고 더 크게 소리 내어 울었던 기억이 난다.

그땐 머릴 자르면 잘린 머리카락들이 탁탁 튀듯이 떨어졌었는데, 요즘엔 머릴 자르면 바람 하나도 없는 날 내리는 눈처럼 힘도 없고 색깔도 하얗다. 요즘엔 내가 내 머릴 자른다. 어깨보를 두르고 대충 잘라내는데, 내가 남의 머리에 신경 쓰지 않듯 남들도 내 머리에 신경 쓰지 않을 거라는 일종의 자기 최면으로 벌써 수년째를 그리하고 지낸다.

나도 반지르르한 머리를 양 갈래로 땋고 팔랑대던 어린 시절이 있었다. 피란 목적으로 잠시 머문 외가에서 벌써 여러 해가 지났는데도 아버지는 돌아오지 않고, 외가에 맡겨놓은 삼남매를 위해 먹고 사는 일에 매달린 엄마는 늘 바쁘다. 닷새마다 열리는 장에서 물건을 사모아 외지로 내다 팔곤 했는데, 품목도 다양해서 수수비를 비롯해서 쌀도 있고, 어느 땐 산 닭도 박스에 담아 날랐다. 제법 규모가 커져서 때론 화물차 한 칸을 빌리기도 했었다.

나보다 나이가 일곱 살이 많은 언니는 어지간한 자기 일은 손수 해결하기도 했고, 손아래 남동생은 어리기도 했지만 아들이라는 이유만으로도 대우를 받는 시절이었다. 유난히 사브작댈 일이 많은 나이인 나만 매일 아침 외할머니의 꾸중을 들으며 돌아 앉아 머리를 맡겨야 했는데, 움직인다고 콩콩 쥐어 박히는 바람에 그 시간만 되면 아주 고역이었다. 할머니는 천식을 앓고 계셔서 늘 기침을 쿨럭거리고 담배도 자주 피우셨던 것 같다.

거의 모든 이들이 먹고 살길이 막막한 때였으니, 어린것들을 달고 홀몸이 되어 돌아온 딸이 부담이 되기도 하고, 친정어미로서 딱한 마음도 견디기 어려웠을 게다. 외할머니는 점점 쇠약해지셔서 언제부턴가는 내 머릴 빗겨주는 것조차 버거워 이삼일씩 건너뛰기도 했었는데, 부스스한 머리와 나는 상관없었다. 할머니 앞에 무릎 꿇고 돌아 앉아 쥐어 박히지 않는 것만 좋았었다.

햇살이 곱게 툇마루에 퍼지던 어느 날, 며칠 만에 집에서 쉬던 엄마는 얼마 후면 초등학교에 입학해야 되는 나를 커다란 앞치마

한가운데에 뒤돌아 앉히더니, 땋은 채로 한껏 헝클어져 매달려 있는 머리 두 가닥을 싹둑 잘라 버렸다. 한 뼘쯤 되는 종종 땋은 머리가 하얀 천 위에 떨어져있는 걸 보니, 내 몸의 어딘가가 잘라진 것처럼 아픈 것 같기도 했었다. 온 사위가 아무소리 없이 조용한데, 뒤쪽에서 엄마의 흐느끼는 소리가 들렸다. '낼부터는 혼나지 않겠다'하는 생각에 좋아하고 있던 나는 깜짝 놀라 엄마에게 엉겨 붙어 눈물을 손등으로 닦아주며 "엄마 울지 마. 잘못했어."라고 엄마를 위로했지만, 나는 그러면서도 사실은 뭘 잘 못했는지는 몰랐다. 할머니 말을 잘 안 들어서일 수도 있지만, 살면서 생각해보니 그 눈물은 스물아홉에 청상이 된 여인의 눈물이었다.

남편 그늘에서 평탄한 삶을 꾸리던 여인의 앞을 알 수 없는 암암함과, 매일 아침 빗겨주던 반들거리던 머리가 수세미가 되어 있는 어린 딸에 대한 안쓰러움이었을 게다. 엄마는 아무 말 없이 한참을 울고 난 후, 머릴 감기고 참빗으로 훑어 내며 뭔가를 계속 잡아내고 있었다. 머리카락을 올올이 잡아당기기도 했다. 그러기를 몇 날 며칠 반복하더니 이발소로 나를 데려갔다.

어른용 의자에 빨래판을 가로로 걸쳐놓고, 그 위에 걸터앉아 늙은이발사 아저씨가 상고머리로 다듬어주었다. 그 시대엔 그냥 단발보다 조금은 더 멋진 상고머리로…….

할머니는 내가 중학교 2학년 때 돌아가셨다. 내가 종종머리를 자르던 그날처럼 햇살은 퍼지는데, 엄마와 워낙 효자로 소문났던

외삼촌은 몸부림치며 우는데 나는 눈물이 전혀 나지 않았다. 그리곤 햇살 쏟아지던 그 툇마루와 하얀 앞치마 위에 떨어져 있던 한 뼘짜리 종종머리 두 가닥이 생각났다.

이제 나는 외할머니가 돌아가실 때의 그 나이보다 훨씬 더 나이가 많다. 어제 일도, 아니 좀 전의 일도 잘 잊어버리면서, 샤워 후 빠진 머리카락을 걷어낼 때마다 그날의 일은 왜 이리 선명해서 내 눈앞에 동동 떠다니는지…….

그래도

나는 좀 늦은 나이에 장손인 남편과 결혼했다. 그땐 이미 먼저 결혼한 시동생의 아들이 벌벌 기어 다니고 있었다. 게다가 난 첫 아기를 놓친 후, 늦게 아기를 갖게 되었는데, 그 무렵엔 한글 이름을 짓는 게 유행처럼 번질 때였다. 아름이, 힘찬이 등 예쁜 이름들을 많이 지었었다. 낳기 전까지는 성별을 모르던 시절이니, 남편과 함께 만약 딸을 낳으면 새로 태어난 누구네 하는 '새네'라고 지으면 어떨까 하고 농담으로 얘기하며 웃곤 했었다. 참고로 남편의 성은 김씨다. 어느 날 새벽녘, 머리숱이 까맣게 많은 건강한 딸을 낳았다. 조산원의 뜨끈뜨끈한 온돌방에서 미역국을 같이 먹고 산고를 함께했던 남편은, 무릎이 튀어나온 양복차림으로, 회사로 직접 출근하면서 "그래도 차 한 잔씩은 돌려야겠지?"라 한다. "그래도"라는 단어가 톡 튀듯 생경하게 들렸다. "저이가 정말 김이 샜나봐……. 난 좋기만 한데……." 뜨악한 표정으로 올려다보는데, 눈치 빠른 시어머님이 내 손을 감싸 쥐면서 "어멈아! 첫

딸은 살림 밑천이야. 고롬고롬 길치 않구. 자래, 뭘 몰라서 기래." 평안도 사투리로 나를 위로했었다. 그 후론 '그래도'라는 부사에 대해서 가끔 생각하는 버릇이 생겼다.

어느 주일날, 교회에서 본 집사님 한 분이, 자기 남편이 나에게 사과드릴 일이 있노라 하면서, 남편 집사님을 불러온다. 며칠 전

앞에서 버벅대던(이건 내 표현이다.) 차에 경적을 울리고 지나치다 보니, 운전을 내가 하고 있더란다. 난 알지도 못했었다. 웬만한 경적은 괘념치 않고 나의 길을 가는 게 내 운전철학이기 때문이다. 불자동차나 응급차의 사이렌만 무서워한다. 그땐, 아마도 차선변경 깜박이를 켜고서도 쉽게 진입을 못했던가, 신호가 바뀌었는데도, 한 박자 늦은 출발을 했거나……. 아무튼 경적을 울린 것은, 그럴만한 이유가 있었을 것 같은데, 자꾸 죄송하다 하는 것은 그래도, 그래도 같은 둥지에서, 같은 곳을 바라보는 믿음의 동료이기 때문이었을 게다.

'그래도'라는 단어는 쓰기에 따라서, 전혀 다른 뜻을 이끌어오기도 한다. 그래도 내가 왕년에 이랬었기 때문에 안 되고, 그래도 내가 누군데 하며 어려운 일에도, 무릎 꿇지 않고 이겨낸다면, '그래도'의 뜻은 극명하게 바뀔 것이기 때문이다.

각 사람마다 웃기도, 또 슬프기도 했을 한 해가 저문다. 그래도 총성 없이 평화로운, 또 좋은 환경에서 살고 있음을 나는 감사한다. 힘들었던 지난 일들을 지나고 보면, 그래도 그리워지는 것은 웬일일까?

새해가 오고 있다. 어떤 날들이 닥쳐올지 전혀 모르면서도 두렵지 않은 것은 그래도 날 지켜주시는 하느님을 백그라운드로 가지고 있기 때문일 것이다.

사람을 안다는 것

눈썹이 유난히 성긴 친구가 있었다. 처녀 때엔 늘 멋쟁이로 예쁘게 꾸미고 다녀서, 그 친구가 그렇게나 핸디캡으로 생각하는 눈썹에 대해서 별로 심각하게 생각지 못했었다. 아무리 친해도 내 눈썹이 아닌 남의 눈썹이기도 하고……. "아이구, 이것아. 이뻐이뻐, 아무도 몰라." 그러면 늘 상냥하고 웃기 잘하던 그녀는 갑자기 날카로워져서 삐지기 일쑤였다. 모든 일에 관대하고 너그러운 아이가 눈썹 얘기엔 알레르기 반응을 일으킨다.

아무튼 제 딴엔 심적으로 많은 어려움을 겪었던 모양인데, 지금 같으면 문신하는 방법도 있고 심기도 한다. 하물며 남자들까지도 필요하면 문신을 하고, 감추거나 부끄러워하지도 않는 시대가 되었다. 어떻게 보면 시대를 잘 못 만나 안 겪어도 될 마음의 고통을 당한 것일 수도 있지만, 예쁜 그녀는 좋은 낭군을 만나 친구들 중 제일 먼저 결혼을 했다. 결혼한 후엔 눈썹연필을 집안 곳곳에 비치해놓고 남편이 일어나기 전 먼저 눈썹을 그리고, 목욕 후에도

맨얼굴에 눈썹은 그리고 나온다 했다. 젖은 머리와 붉게 상기된 맨얼굴에 눈썹만 까맣게 그려진 그녀의 얼굴을 생각하면 '풋'하고 웃음이 나온다. 내가 아무리 친한 친구이어도 마음까지 똑같을 수는 없기에 웃음을 눌러 참는다.

첫아이를 임신하고 산달이 되었다. 확실한 예정일도 모르고 아들인지 딸인지는 더더구나 모르던 시절, 산기를 느낀 친구가 조산원에 입원을 했다. 물론 눈썹연필도 챙겼다. 때마침 예기치 못한 회사일로 장거리 출장 중인 남편은 집을 비웠는데, 일이 잘 못되느라 난산으로 제왕절개를 했다. 고생은 고생대로 하고 뒤늦게 수술 후 건강한 아들을 낳았다. 호된 산고 후 건강한 아들을 갈무리해 산모 옆에 뉘인 후 한숨 돌리고 있는데, 남편이 돌아왔다. 휴대폰도 없던 시대, 마음 졸이던 남편은, 들어서자마자 미안하고 안쓰러운 마음에, 부인을 끌어안고 울음을 터뜨린다. 한참동안 울고 난 남편은 눈물로 얼룩진 얼굴을 들어 산모를 쳐다본다. 그리곤 다시 울음을 터뜨린다. "자기야, 얼마나 힘들었으면 눈썹이 다 빠졌어?"

아차! 경황없었던 어제와 오늘이 빚은 대참사였지만, 그 일이 친구를 평생 무저갱으로 끌고 내려갈 것만 같았던 문제를 한 방에 해결하고 잘생긴 아들 덕에 입지가 더욱 굳건해질 건 손바닥을 보듯 뻔한데 회진 시간이 되었다. 하얀 진료복을 입은 의사와 인턴들이 한 무더기로 들어오더니 환부를 들춰보며 설명을 듣기도, 하기도 한다. 많이 걷는 게 좋다는 말과 함께, 내일쯤엔 퇴원을 하고, 통원치료만 해도 좋겠다는 말을 하고, 올 때와 같이 우르르 몰려나간 후 한켠에 물러서 있던 친정어머니가 민망스러운 듯 작은 소리로 딸에게 묻는다. "너, 거기 털이 없었니? 세상에……." 잠시 뜨악해있던 친구가 아픈 수술 자리를 끌어안고 폭소를 터뜨린다. "어엄마느은 딸을 그렇게 몰라?" 하마터면 꿰매놓은 수술 자리가 터질 뻔했다고, 친구는 눈물까지 질금대며 출산후일담을 늘어놓는다.

사람이 사람을 안다는 것, 그것처럼 어려운 일도 없는 것 같다. 겉모습도 이런데 더구나 속마음까지야…….

얼마 전 선거가 있었다. 이곳에선 영사관에 투표소가 마련되어 있는데 그곳은 주차하기도 쉽지 않고, 노변에 빈자리가 있어도 일자 주차할만한 운전실력이 안 되어서, 자주는 아니지만 씨티 나갈 일이 있으면 버스나 기차를 이용하기도 한다. 그렇지만 그럴 걱정할 겨를 없이 딸이나 지인들의 도움으로 그때그때 해결을 하는데, 이번에도 누군가의 도움이 있어야만 투표를 수월하게 할 수 있으니, 그냥 이번엔 건너뛰어 버릴까하고 있는데, 오래전부터 계속 누구를 찍어야 좋다고 은근히 공을 들이는 이가 있었다. 말을 들어보면 맞는 것 같기도 하고 아닌 것 같기도 한데, 뭔가 바짝 호응치 않는 내가 조금은 갑갑한 게다.

그렇지만 나도 귀와 눈이 열려 있는 아직은 정신이 온전한 유권자인데, 자존심이 있지……. 그날이 되었다. 그는 문밖에서 내가 휘장 속에서 투표를 끝내고 나오길 기다리고, 나는 내가 찜해놓았던 후보에게 시옷자가 각인된 빨간 도장을 꼬옥 눌러 찍었다. 하지만 그가 응원하던 후보인지 아닌지는 여기에 쓰고 싶진 않다.

비밀투표이니까……. 점심까지 잘 얻어먹고, 미션베이까지 한 바퀴 돌아 집으로 돌아왔다.

사람을 믿는다는 것, 안다는 것, 그것처럼 어려운 일도 없는 것 같다.

영정사진

갑자기 한국에서 아는 분이 돌아가셨다는 연락을 받았다. 요즘 나이로 치면 아직 가실 나이는 아닌데, 교통사고로 돌아가셨다는 부음을 뒤늦게 듣게 되었다. 벌써 장례도 끝났고 삼우제까지 지난 후였다. 별로 친분이 두터운 사이도 아니고 거리상 어떤 행동을 취하기도 애매해서, 소식 전해주는 이도 그냥 알고나 있으라고 전해주는 셈이었다. 그런데 다녀온 이가 하는 말이 '상제들이 경험이 없어서인지 준비가 하나도 안 돼 있어 허둥대더라.'고 전한다. 내가 알기엔 한국은 돈만 있으면 뭐든 그 자리에서 다 해결된다 하던데, 꼭 그렇지 만은 아닌가 보다. 하긴 딴 건 돈으로 다 되어도 영정이야 식구가 아니면 어찌할 수 없는 노릇이 아닌가!

그 소식이 있은 후 가만 생각해보니 우리 집도 준비해놓은 게 아무 것도 없다. 그 동안엔 주로 보내는 걱정만 했었지, 솔직히 내가 떠나는 것에 대해선 생각해보지 않았었다. 이역만리에서 큰 일을 겪게 되면 눈 감고 떠나는 사람이야 상관없지만, 남아 있는 아이들이 허둥댈 것 같아 딸에게 넌지시 영정사진 얘길했더니, 딸아이는 '내가 영정사진 만들자 했으면 효도일까 불효일까?'하고 되묻는다. 가만 보니 생각은 했었으나 말을 못한 얼굴이었다. 요즘엔 미리 영정사진을 준비해놓는 이들도 적지 않은 것 같던데…….

우리 엄마는 아흔여섯에 돌아가셨는데, 환갑 때 한복을 곱게 입고 찍은 사진을 액자에 넣어 나중에 나죽으면 영정사진으로 쓰라고 벽에 늘 걸어놓으셨다. 지금보다 훨씬 젊어 곱고 보기도 좋았지만, 한편으론 '돌아가시면 어련히 알아서 할까봐…….' 속으론 그러면서도 쉽게 말할 수 있는 사안이 아니라 조심스러웠었다.

우리 내외도 지금 이 모습대로 사진을 찍으면 너무 후질 것 같아 딸아이의 결혼식 때 찍은 사진 중에서 고르기로 했다. 그때 결혼한 딸이 낳은 손녀가 열세 살이 되었으니, 몇 년을 거슬러 올라간 걸까? 더구나 요즘엔 기술이 좋아 잘 나온 얼굴을 떼어, 멋지게 나온 몸통에다 옮겨 붙이기도 한다는데, 그날은 안사돈님이 일찌감치 미용실로 불러내 전문가의 손을 빌려 속눈썹까지 붙이며 화장을 시켜주셨다. 그때의 사진을 보니 젊기도 하고 또, 갖은 멋을 다 부린 젊은 아줌마가 그 속에서 웃고 있다.

내 결혼식 날 해보고 처음이었다. 머리도 부풀려 멋을 살리고 했었는데, 남편은 오랜만에 만난 친구들과 웃고 떠드느라, 아무 짓도 못한 얼굴로 그냥 사진을 찍었었다. 아무튼 그중에서 골라 사진을 맞췄다. 내가 내는 돈을 사양하는 바람에 사위가 해주는 선물이 되고 말았다. 사진은 서울로 보내져, 요즘엔 유리를 끼우

는 액자로 하지 않고, 아예 코팅을 해서 사진이 습기도 차지 않고, 유리가 깨지는 일도 없다고 사진관 사장은 열심히 설명을 한다. 날짜가 오래 걸리긴 하지만, 집에까지 배달도 해주겠다니, 주차하기 어려운 시내에 나가지 않는 것만도 어디냐며 잊고 기다렸다.

친절한 사장님이 배달을 왔다. 자기 사진을 본 남편의 얼굴이 흡족한 얼굴이 아니다. 화면 속의 얼굴이 번들번들한 게 내가 봐도 영 별로였다. 평생 함께 살면서 옷이든 음식이든 불평하고 불만을 표하는 성품이 아닌데, 오늘은 아니다.

내 사진은 기대했던 만큼 젊게 잘 만들어져 왔는데, 옆에서 좋아하지도 못하고 입장이 난처해졌다. 남편은 한참을 곰곰이 생각하더니, 용돈 모아 꼬불쳐 놓았던 돈을 꺼내놓는다. 자기의 영정사진을 다시 만들겠단다. 나는 속으로 좀 놀라고 우습기도 했다. 자기 죽고 나면 본인은 보지도 못하고 태워질 텐데, 무슨 신경을 저리 쓸까 하면서도, 워낙 내 맘에도 안 들어 그냥 수긍하고 다시 앨범 박스를 들고 나왔다. 맘에 드는 사진으로 고르라고 했더니, 딸 아이 중학교 때 찍은 가족사진 중에서 골라낸다. 내 영정사진보다 훨씬 젊어졌다. 그 사진 속엔, 돌아가신 시어머님의 얼굴이 느긋한 미소를 띠고 계셨고, 지금은 중학교 학부형이 된 아들아이가 앳된 초등학생으로 웃고 있다. 우린 그때의 시어머님보다 더 늙은 나이인데……. 딸 모르게 해 달라고 자초지종을 말 했더니 사진관 사장님이 손수 찾아주셔서, 들고 시내까지 나가는 수고는 덜었지만 아직도 사위와 딸은 모른다. 딸은 아버지가 자기 또래처럼 젊어진 모습으로, 다시 만들어져 감추고 있는 것을 상상도 못한다. 먼 훗날 일을 당하면 바뀐 걸 알아차리기나 할까? 남편의 실제 나이는 나보다 네 살이 더 많은데, 영정 사진엔 나보다 훨씬 더 젊은이로 히죽이 웃고 있다.

우리 내외는 백 살에 눈을 감아도 사십대로 죽을 것이다.

나무, 나무들

대부분의 주민들이 출근하고 난 조용한 아침, 누군가 문을 두드린다. 열고 보니 어떤 젊은이가 "흰 차가 당신 차냐?"라고 묻더니 차를 좀 딴 곳으로 옮겨 달라 청한다. 주렁주렁 공구를 매단 허리띠를 두른 모양새가 나무 정리를 하러온 줄 금세 알게 했다. 얼마 전 타운하우스 매니저가 나무들을 정리할 거란 얘기를 해서 알고 있던 터이기도 하고…….

한동안 시끄러울 것 같아 서둘러 가방을 챙겨들고 아예 그 시간에 쇼핑센터로 장을 보러 나갔다. 굳이 빨리 돌아가 봐야 시끄럽기나 할 것 같아 평상시엔 잘 가지 못하고 궁금해 하던 코너도 모처럼 여유 있게 기웃거려 보고 푸성귀와 과일도 찬찬히 보아가며 고른 후, 이쯤이면 다 끝났겠지 시간 가늠을 하며 집으로 돌아왔다.

정문에 들어서자마자 잘못 찾아온 줄 알고 깜짝 놀랐다. 모든 소리가 멈춘 듯 지나가는 차 소리마저 귀에 들어오지 않았고, 뻥

뚫린 하늘이 파랗게 질려 보였다. 마당은 큰 트럭이 그들먹하게 차지하고 있고, 그 뒤엔 암팡지게 생긴 나무분쇄기가 파리 잡아먹은 두꺼비처럼 입을 꾹 다물고 모든 일은 이미 저질러져 있었다. 집채보다 더 컸던 나무가 종적도 없이 사라져 보이지 않고, 점심시간인 듯한 사람은 트럭 운전대에 다리를 꼬아 걸친 채 샌드위치를 먹고 있었고, 또 한 사람은 사라진 나무의 뿌리까지 후벼 파느라 허리께까지 땅 밑으로 가려있었다. 그 옆으로는 삽질로 떠올리는 흙과 나무뿌리로 봉분을 이루어가고 있었다.

가슴 속으로 바람이 쐬아 지나가면서 울컥 눈물이 솟았다. 지붕으로 뻗은 가지만을 전지하는 줄 알았는데 세상에……. 트럭 옆에서 눈물을 찍어내고 있는 키 작은 동양 할머니가 기이해보였는지, 삽질하던 젊은이가 물끄러미 나를 쳐다본 후 하던 일을 계속하고, 빵 먹던 이는 놀란 듯 후다닥 뛰어 내려와 열심히 뭐라 지껄이긴 하는데, 어항 속의 금붕어처럼 뻐끔대기만 하지, 말소리는 하나도 내 귀에 닿지 않았다.

십여 년 세월을 같이 했던 나무인데…….

얼마 전, 타운하우스 운영회에서 몇 번이나 올린 안건이 어렵게 통과된 후, 지붕의 낡은 물받이와 홈통을 교체해주고 간 얼마 후였다. 여러 동이 모여 타운을 이루고 살지만 유독 우리 동의 물받이와 홈통이 삭았는데, 그 이유가 옆에 있는 나무의 잎사귀들이 지붕으로 떨어져 쌓여 막히고, 또 썩었기 때문이라는 얘길 들었다. 그래도 그렇지 다른 데 보니 전선이 지나가는 자리만 나무를 니은 자로 도려내기도 했던데……. 하긴 그 젊은이들이 무슨 잘못이랴, 하라는 대로만 했을 뿐일 텐데…….

그 나무는 큰 길과 나란히 인도 옆으로 처져있는 담장 안에 있던, 큰 나무 세 그루 중 하나였다. 잎이 늘 기름을 바른 듯 반드르르하고 두 아름도 훨씬 넘는 둥치에 굵은 가지 몇 개는 떡하니 팔꿈치를 방바닥에 세우 듯 한번 땅에 멈추었다. 다시 하늘로 향하고 그 나무 아래엔 커다란 바위 하나와 작은 바위의 화산석 두 개가 그늘 밑에 품어 안기듯 자리하고 있었다.

큰 바위에 기대서면 하늘이 가려지고, 나뭇잎들은 늘 소슬한 바람을 넉넉히 품고 있었고, 그 바람이 '쏴아'하고 바닷소리를 낼 때면, 그리운 곳을 찾듯 주위를 둘러보게 했었다. 반쯤 덮여 있는 윗집 발코니는 시골 원두막을 생각나게도 했었고, 잠깐 지나가는 소나기로는 나무 밑을 적시지 못할 정도로 가득했었는데, 이제는 배곯은 아이의 갈비뼈처럼 나무 발코니는 초라하게 노출되고, 운치 있던 바위들은 거대한 쇠똥구리가 굴리다 팽개쳐버린 그것처럼 칙칙하고 흔한 화산석으로 햇볕에 달구어져 있었다.

그리고 그 뒤쪽에 있는 더 큰 플라타너스엔 흰 페인트로 엑스(X)자가 크게 그려져 있었는데, 그 나무는 내년에 자를 거라고 아무렇지도 않게 말한다.

그 내년이 온 것이다. 언제 자르겠다는 확실한 언질도 없이 나무는 흰색 페인트의 엑스(X)자를 가슴에 안은 채 해를 넘기고, 성글어진 햇볕 속에, 지나가는 잔바람에도 물색없이 흔들리고 있다.

나무에게도 저주를 하든지 듣기 싫은 소릴 하면 말라죽는다는 아프리카 어느 부족의 말이 정말인가 싶을 만큼, 나무는 몰골이 더욱더 어수선하다. 원래 플라타너스는 한여름이 지나면 다 그렇지 않았나 하면서도, 지붕 위로 뻗은 많은 가지들을 그냥 두기엔 피해가 클 것 같은 생각이 들긴 한다. 두껍고 질긴, 마치 가죽 같은 잎사귀는 잘 썩지도 않는데, 나무가 저리 크니 나뭇잎은 또 얼마나 많이 떨어져 쌓였었겠나?

그런데 엄밀히 따지고 보면, 베어진 나무는 일 년 열두 달 잎이 반들반들한 상록수였었고, 홈통을 막고 잘 썩지도 않는 나뭇잎은

지금 하얀 X자를 몸통에 두르고 살아남아 있는 이 나무인데, 아무래도 안쪽에 있는 이 나무를 잘라내려면 여러 가지 일하기가 용이하지 않았기 때문은 아니었을까 하고 생각한 건 큰 트럭이 암팡스런 나무 분쇄기를 끌고 퇴장하고 난 후였다. 운명의 장난이다.

세상의 모든 생명체는 삶의 한계가 있다. 누구나 보이지 않는 엑스(X)자 앞에선 자유롭지 못하다. 빠르고 늦는 차이는 있을지라도 언젠가는 하느님께 솎아질 날이 있기 마련이지만, 큰 나무처럼 푸근한 그늘로 서로를 다독이고 나. 스스로는 행여 세월로 굳어진 고집과 완악함으로 서로간의 소통을 막는 일은 없는지 뒤돌아보게 하는 하루였다.

이제는 흐려진 하얀 엑스(X)자 앞에서…….

엄마의 이민 · 1

일어나기 싫은 쌀쌀한 아침이다. 어젯밤에 비까지 내려 냉한 기운이 이불 속으로 자꾸 움츠러들게 하는데, 누군가 다급하게 현관문을 두드린다. 누구지 이 시간에 올 사람이 없는데……. 잠옷 바람으로 체인이 걸린 채로 살짝 현관문을 열어보니, 엄마가 맨발에 고쟁이 바람으로• 시퍼렇게 언 얼굴을 하고 서 있었다. 너무 놀라 허둥대며 체인을 벗기고 엄마를 끌어안는데, 뒤에 서있던 건장한 한 남자가 웃으며 엄마 어깰 토닥인다. 그리곤 인수인계가 끝 났다는 듯, 장난스럽게 거수경례를 한 뒤 몸을 돌려나간다. 엄마가 급하게 설명을 한다. 잠깐 나왔는데 문이 잠겨서……. 한마디만 들어도, 난 금방 알아차렸다.

엄마네 집은 좀 오래 되긴 했어도, 우리 집까지 걸어서 다닐 수 있는 거리라는 게 장점으로 작용해 구입을 했다. 이사 들어갈 때 대충 리노베이션을 했는데, 현관문 열쇠는 그냥 쓰고 있었다. 여닫고 쓰는 데 아무 지장이 없는데, 애먼 데 돈 쓸 거 뭐 있냐며 열쇠를 늘 목에 걸고 다니셨다. 그런데 엊저녁 목욕을 끝내고 잠자리에 들며 목에 거는 걸 깜박했고, 이른 아침 복도에 잠깐 나왔다가 문이 닫히는 바람에, 맨 발로 집에서 쫓겨난 꼴이 되었다.

전에도 한번 문이 닫히었었다. 그래도 그땐 한낮이었고 뒷 베란다 쪽 문이 열려 있었다. 전활 받고 급하게 가보니 이미 옆집 젊은이가 아파트 공용으로 쓰는 사다리를 빌려 뒷 베란다로 입성하고 있는 중이었다. 그때 무슨 조치를 취했어야 했었는데 후회가 되었다. 엄마가 원했으면 어떻게든 자물쇠를 바꾸던가 했을 테지만, 엄마는 열쇠 줄을 무슨 액세서리처럼 맘에 드는 줄로 자주 바꾸기도 하고 같이 동행이라도 하는 날이면, 내가 미처 열기 전에 쪼르르 앞장서 앞가슴에서 열쇠 줄을 꺼내, 먼저 열어주는 것을 즐기는 것 같게도 보였었다.

엄마는 초청 이민으로 뉴질랜드에 들어오셨다. 내가 엄마 집에 남기고 온 짐까지 모아 싣고 위풍당당하게 오셨는데, 말을 전혀 못하는 게 제일 큰 걱정이었

다. 가깝게 나도 있고 영어를 잘 하는 아들 손주들이 여기 저기 살고 있으나 그래도 '엄마에게 무슨 일이 생길까' 늘 마음이 안 놓였었다.

엄마네 옆집 젊은 키위 아저씨와 그 아파트 열 가구를 관리하는 키위 아줌마에게 우리 집 전화번호를 적어주며 엄마에게 무슨 일이 생기면 5분이면 올 수 있으니 아무 때나 연락을 부탁하고, 차선책으로 손녀딸의 전화번호와 좀 먼 곳에 사는 동생의 전화번호까지도 적어주었었다. 그렇지만 이 사람 저 사람 번갈아 들랑거리기도 했었고 전화연락도 했기 때문에 한 번도 비상 연락망은 가동된 적은 없었으나, 그 방법도 이렇게 쫓겨난 형국이 되고 보니 그것도 아무짝에도 쓸모가 없게 됐다.

너무 이른 시간이라서 옆집을 깨우기가 좀 미안했던 것 같았다. 엄마는 곧바로 슬리퍼도 못 신고 큰길로 나와 손을 들어 차를 세우니, 신새벽에 차림도 이상한 노인네를 누가 선뜻 태워주겠는가?

마침, 지나가던 경찰차가 조수석에 태워주어서 먼저 엄마 집에서 가까운 한국식품점으로 가보았다니, 그 시간에 누가 식품점을 열었겠는가? 엄마가 당황해 잘못 생각했던 것이었다. 모르면 몰라도 한국식품점 잠긴 문에 아주 굵은 체인이 구렁이처럼 몇 겹으로 감겨있었을 게다. 내가 전에 좀 이르다 싶을 때 갔는데, 말갛고 얇은 유리창에 매달린 굵은 체인이 영 안 어울리게 느껴졌었다. 가게 사장 내외가 늘 친절해서 나와 있었으면, 여러 모로 많이 도와주고 경찰은 거기서 임무가 끝났을지도 모르는데…….

다시 차를 돌려 우리 집으로 오는데 주소도 길 이름도 모르니 엄마가 늘 다니던 길을 검지손가락으로 요리로 조리로 진두지휘를 하며 찾아왔다. 다 왔으니 이제 되었다고 손사레질 치는 엄마를 앞세우고 우리 집 현관까지 따라와서, 나를 만나보고 확인한 후 돌아간다. 아마도 인수인계 차원이 아니었을까 생각됐다.

나는 서둘러 신발을 돌려 신고 뒤따라 나갔다. 덩치 큰 그 남자는 성큼성큼 걸어가 바둑무늬가 그려진 경찰차에 오르더니, 운전대에 앉은 채 웃으며 거수경례를 하곤 시동을 켠다.

엄마와 나는 떠나는 차에 대고 합장하듯 손바닥을 모으고, 허릴 구부린다. 그러면서 "아이구, 고마워요"한다. 이럴 땐, "땡큐, 땡큐 베리 머취"라고 할 수 있는 영어 실력은 되는데, 급하면 꼭 한국말이 튀어나온다니까…….

아무튼 그날 아침 엄마와 나는 파자마 파티를 제대로 했다.

엄마의 이민 · 2

초청 이민으로 뉴질랜드에 오신 엄마는 화단 가꾸기를 즐겨하셨다. 한국에 계실 때도 그랬지만 행동반경이 좁아져서인지 이민 오신 후엔 더 열심히 흙에 매달리셨다. 아파트 주변 돌담 밑을 돌아가며 넓히기도 하고, 꽃을 옮겨심기도 했다.

뭐든 당신의 돈으로 꽃도 씨앗도 사다 심고 뿌리니 누가 뭐라 할 일은 없는데, 물리적으로 힘이 필요할 때가 종종 있었다. 그때마다 엄마는 한 집 건너 옆집에 혼자 사는 중년의 키위 남자를, 불러다 쓰곤 했다. 그 남자는 우체국직원으로 아주 이른 아침에 출근해서 좀 늦은 점심때 퇴근을 하곤 했었다. 대부분의 낮시간을 집에서 보내니 엄마가 부탁하기엔 아주 만만한 상대였었다. 잠깐 서서 얘기해봤는데 사람이 점잖고 동양인 못지않게 노인을 공경해서, 엄마가 부탁하는 것은 뭐든 잘 들어주는 듯했다. 간단한 전기 고장이나 특히 한국 티브이가 말썽피우며 잘 작동이 안 될 때가 그랬다.

그 남자가 퇴근해 집에서 잠깐 낮잠을 자고 있을 때에도 엄마가 부탁하면, 성가신 기색 없이 기분 좋게 들어주었다. 엄마도 거기에 상응하는 인사치레를 했다. 과일이나 케이크 때로는 초콜릿까지도. 엄마가 주문하면 내가 사다 영수증과 함께 전해주고 돈 계산을 했다. 여기 사람들은 작은 선물에도 과하게 감사를 표한다.

그이는 '엄마를 잘 부탁한다'고 말하는 나에게 도리어 걱정하지 말라는 말로 안심시키곤 했었다. 공들인 만큼 엄마 꽃밭의 꽃들은 잎이 반들반들하고, 같은 꽃도 엄마네 건 더 크고 빛이 났다. 그리고 아파트 구석엔 어떻게 구해왔는지 아주 옛날 욕조를 두 개나 주워다 흙과 물을 채워 미나리를 심고, 까맣고 구멍이 숭숭 난 화산석 울타리엔 엄마는 먹지도 않는 호박 줄기를 열심히 올렸다. 작고 못 생긴 알록달록한 강낭이도 심었다. 알은 몇 개 붙어 있지도 않은데, 조선 찰강냉이라고 분에 넘치는 대우를 받곤 했다. 영그는 대로 따 삶아 냉동실에 얼렸다가 내가 가면 은밀하게 내놓곤 했었다. 내가 좋아하는 호박도 파란 애호박일 때 따서 신문지로 여러 겹 싸가지고 냉장실에 넣었다가 주시곤 했었다. 들깻잎이나 풋고추 상추 같은 건 말할 것도 없고……. 한국에서 이삿짐 속에 실려 온 씨앗 중엔, 총각무 씨도 있던데 그것만 심은 걸 본 기억이 없다. 허리가 늘씬하게 휜 한국 호미와 쇠스랑까지도 같이 실려와 뒷담 밑의 척박한 땅을 일궜다.

그리고 중년의 키위 아저씨와 서로 협력하여 화단에 박힌 큰 돌을 캐냈다. 힘이 들면 엄마는 두 손을 합장하듯 겹쳐서 볼에 대고, 고개를 그쪽으로 갸우뚱한다. 피곤하니 좀 쉬었다 하자는 제스처

일게다. 잘 알아먹는 그 아저씨가 더 대단하다는 생각은 나중에서야 들었다.

해가 설핏해지면, 검지로 하늘을 가리키며, "투모루우"한다. 오늘은 이만하고, 내일 다시 하자는 엄마의 영어다.

엄마의 영어가 진화하고 있었다. 영어 못 한다고 절대로 주눅 들지도 않았다. 손짓 발짓으로 엄마는 동네를 평정하고 계셨는데, 드럼 가게 아줌마한테도 나를 인사시키고, 구세군 중고 가게에서는 아주 귀빈 대우를 받기도 했다. 어떻게든 비슷하게라도 어법에 맞는 말을 하려고 찾다 보면, 어느새 당신의 가슴을 톡톡 치며 "우리 딸이여 우리 딸"하면 그들도 알아 듣는 양, 곁에 서서 쭈뼛거리며 얼굴이 빨개져 서 있는 나를 가볍게 끌어안곤 했었다.

그럴 때마다 엄마는 "야 그럴 거 읎어, 지들은 뭐 한국 말 잘 하냐" 그리곤 항상 "내가 영어만 잘 했으면, 방개차를 사서 끌고 다녔을 텐데……."라고 입버릇처럼 말하셨다. 언젠가 지나가는 폭스바겐을 보며, '저런 차는 얼마나 하느냐'며 관심을 보이신 적이 있었는데 아마도 그 차를 얘기하는 듯 싶었다.

어느 날, 젊은 키위 아줌마가 아래층에 이사 왔다. 나도 엄마와 같이 가서 인사를 했었는데, 넓은 집에 살다 오는지 살림이 많았

다. 특별히 눈에 띄는 건 사람 몸통만한 화분들이 열 개도 넘었다. 금방 사온 게 아니고 여러 해 전부터 키우던 것이라는 걸 심겨져 있는 화초를 보면 대번에 알 수 있었다.

체격도 큼직한 게 당당하고 귀걸이 팔찌 등 장신구가 딱 봐도 만만찮은 비주얼이었는데, 아니나 다를까 얼마 있지 않아 엄마와 부딪히기 시작했다. 그때까지만 해도 입주민들은 해마다 눈에 띄게 달라지는 화단을 보며, 엄마의 노고를 칭찬하기도 하고 고마워했었는데, 아파트 관리를 그녀가 맡으면서 화단에서부터 엄마의 텃밭까지 서로 부딪혔다.

욕조도 치우라 하고 그 욕조를 채우는 물을 쓰는 것도 뭐라 하는 거 같았다. 여자든 남자든 혼자만 살 수 있게 계약 전에 인사청문회 같은 것도 하며 까다롭게 굴었다. 그 바람에 오래 됐어도 아파트가 깔끔하긴 했지만……. 그 여자가 까탈을 부릴 때마다 엄마는 나한테 전활 걸어 그 여자에 대한 불평을 하곤 했다.

"어디서 굴러온 돌이 박힌 돌을 빼 낼랴구 햐."

엄밀히 따지면, 굴러온 돌은 키위인 그 아줌마보다 엄마인 것 같은데……. 우리 타운하우스에도 나를 포함한 굴러온 돌들이 모여살고 있다. 더 오래 전으로 올라가면, 사실은 역사적으로 키위도 굴러온 돌 아닌가? 머릿속이 복잡하다. 하지만 엄마에겐 아무 말도 못했다.

그 와중에도 앞 동과의 사이에 있는 잘 가꾼 잔디밭 한켠을 좀 까고(엄마의 표현이다) 밭을 좀 늘렸으면 했는데, 그건 내가 봐도 안 되는 일로 아마도 액세서리 아줌마에 대한 어깃장인 것 같았다. '채소를 다 소비도 못하는데 밭은 뭐 하러 더 늘리느냐' 말했다가 모녀간의 의만 상했다.

여러 번의 팽팽한 긴장감이 지나 가고 얼마 후엔 아기들처럼, 화단에 금을 긋듯, '여긴 니가 심어, 이쪽은 내가 심을 테니…….' 그렇게 합의를 본 상태였었는데, 하루는 나를 또다시 부르더니 까고 싶다던 그 잔디밭 중앙에 당신이 죽고 나면 보게 분홍 겹벚꽃을 심어야겠다고 한다. 나는 기겁을 하며 말렸다. 여긴 공동주택이기 때문에 그렇게 개인이 하고 싶은 대로 할 수 없노라 하고,

벌써 심겨져 있는 나무도 있어서 쉽지 않을 거라 말렸다. 화가 많이 나셨었다.

"내 돈 주고 내가 사다 심는 다는데, 땅도 넓은데." 그러면서, "나 한국으로 갈란다." 가끔 누구네 미사일처럼 튀어나오는 그 말은 억장을 막히게 했다. 말이 났으니 말이지, 본홍 겹 벚꽃을 심었다 쳐도, 꽃 피면 그 꽃을 보며, 어느 누가 예전에 살던 동양

할머니를, 기억이나 하겠는가 ? 고향을 떠난 새는 앉을때도 그 쪽을 보고 앉는다던데, 엄마의 분홍 겹벚꽃은 아마도 고향이 그립다는 또 다른 표현이었을지도 모른다.

그 후로도 오랫동안, 분홍 겹벚꽃이 회자되긴 했지만, 언제나 내선에서 공포탄으로 매듭지어 지곤 했었다. 공포 미사일에도 나는 우울한 하루를 보내야 했었다.

3부
수녀님 나의 수녀님

어떤 항아리

혼곤하게 새벽잠에 빠져 있는 남편이 깰세라 옆 구르기 하듯 침대를 빠져 나온다. 오랜만에 일요새벽시장이 열리는 경마장에 가 볼 참이다. 주차장은 벌써 차들로 그들먹하고 말들이 갈기를 세우고 콧김을 뿜으며 달리던 경주로 주변까지 차들이 차지하고 있었다.

쿵쿵대는 스피커의 음악소리, 이리저리 길이 좁다 웅성대며 몰려다니는 여러 국적의 많은 사람들, 그들은 달리는 말과 많이 닮아 있었다.

내가 보기엔 무엇에 쓰이는 물건일까 싶게 허접해 보이는 물건들을 넓게 펼쳐 놓고 지나가는 이들과 열심히 눈 맞추기를 시도하는 터번 쓴 인도 아저씨, 속옷 같은 아슬아슬한 옷 위에 긴 꽃목걸이와 귀 뒤에 꽃을 꽂은 몸집이 푸짐하게 생긴 원주민 여인, 차일 밑에서 줄 맞추어 양말을 진열 하고 있는 딱 봐도 한국인인 아저씨 등…….

나는 주말 새벽시장에 가는 걸 좋아해서 가끔 가곤 한다. 가봐야 적은 식구에 많은 것을 사지는 않지만, 흩어놓고 파는 뿌리가 빨갛고 싱싱한 시금치 몇 줌, 어떤 날은 살아 있는 게 몇 마리, 한국 토종 애호박이나 오이 몇 개, 때로는 빈손으로 되돌아오기도 하지만, 그곳은 무엇을 사러간다기보다는, 그곳은 몸과 마음이 자

꾸 꾸벅꾸벅 졸고 있을 때, 내 마음에 던지는 작은 조약돌 같은 곳이다. 열심히 일하는 이들은 언제나 나를 긴장시키고, 활력을 되돌려 주기 때문이다. 규격화되고 깨끗하게 정돈되어 있는 슈퍼마켓에선 못 느끼는, 내가 고국을 떠나오기 전, 어쩌다 가보던 모란시장 같은 곳, 풋내 나는 싱싱한 산나물들과 팔려나온 입이 핑크 빛인 새끼돼지, 박스 속에 담겨 눈도 제대로 못 뜨고 고물대는 한 형제 강아지들…….

뻥튀기 아저씨의 "뻥이요 뻥"하고 외치는 고함 소리와 함께 퍼지던 뽀얀 안개 같은 수증기, 그런 소리를 태평양을 건넌 이곳 뉴질랜드 새벽시장에서 환청으로 들으며 모퉁이를 돌아서는데, 할머니 한 분이 땅바닥에 치마로 무릎을 감싸 안고 동그마니 앉아있다. 앞에는, 선인장 묘목을 심은 아주 작은 화분 몇 개와 중고 그릇 몇 개, 여러 번 돌려 꺼내도 똑같은 모양으로 나오는 고르바쵸프 닮은 인형 등이 그 앞에 놓여있다. 나는 그 앞에 마주 앉는다. 그것은 그 물건들 중에 무슨 물건을 고르기보다 그 할머니와 전혀 무관한 듯 등 뒤에 놓여있는 한국 항아리 하나가 눈에 띄었기 때문이다.

항아리는 나도 할머니와는 아무 상관이 없다는 듯 "하-아"하고 한숨을 토하듯 허공을 쳐다보며 입을 벌리고 있다. 안과 겉에 바른 유약들이 떨어져나가고, 주둥이엔 잘게 부서져 나간 곳도 몇 군데 있지만, 분명 한국 항아리였다. 도공이 맨 마지막에 그렸을 꽃 없는 난잎 무늬가 양 옆으로 흐드러지고, 두드려 보니 깨지거나 금간 곳이 없음을 확인시키듯 댕댕 맑은 소릴 낸다.

어느 도공이 바닥치기부터 숨을 고르며 물레를 돌리고 유약을 바르고, 그늘과 양지를 가려 숱한 날들을 말리고, 밤을 새우며 가마에 불을 지펴 익혀냈을 이 항아리……. 딴 물건 같지 않아 가방에 담겨 왔을 리 없고, 이삿짐 속에서도 조심스럽게 다루어졌을 이 항아리가, 어찌하다 이곳까지 왔는지 모르겠다.

뚜껑도 없는 항아리를 달라는 값을 다주고 산 뒤 가슴에 안고 돌아서다 묻는다.

"WHERE ARE YOU FROM?"

"RUSSIA" 겉모습은 키위 할머니와 똑같아도, 억양이 다르고, 키위 할머니는 이런 모양새로 새벽시장에 나 앉지 않기 때문이다. 노후보장이 잘 돼 있다는 말이다. 이민 온 나라 새벽시장에서 러시아 할머니가 팔고 있는 낡고 뚜껑도 없는, 갖고 나오긴 했어도 팔린 다는 것에 거의 희망을 걸지 않은 한국 항아릴 한국에서 온 키 작은 낡은 할머니가 아기를 품에 안듯 하고 들여다본다.

벌써 여러 해가 지난 얘기다. 그날은 딴 물건은 하나도 사지 않고, 빈 항아릴 안고 집으로 돌아와, 뒷문 앞에 놓아두고 빈손으로 현관문으로 들어오니 남편이 "시장 갔던 거 아녔어?"하는 표정으로 나를 올려다본다. 그 후 항아리는 해마다 여름이면 두어 번 오이지를 절여내고 깻잎 장아찌도 담가내지만, 언제나 어울리지 않는 이 나라의 그릇 뚜껑을 덮개로 쓰고 있다.

비 많은 겨울철엔 빗물을 한가득 안고는 자은 빗방울도 커다란 동그라미로 받아내고 때로는 줄줄 넘쳐 내기도 한다.

반세기도 훨씬 넘게 지난 학창시절 국어시간 「독 짓는 늙은이」

가 화두가 되어 수업 중일 때 맨 뒤에 앉은 친구가 손을 번쩍 들며 “선생님 질문 있어요! 독아지하고 항아리는 어떻게 달라요?”하고 물었다. 내가 좋아하던 국어선생님은 단상에서 내려오시더니 맨 앞에 앉은 내 양 어깨에 손을 얹으며 “요렇게 생긴 건 항아리고, 너 같이 생긴 것은 독아지지”라고 말씀하시자 단발머리들 친구들이 목젖이 보이게 웃던 그 시간 이후, 내 별명은 항아리가 되어 한동안 불리었지만 난 그 별명이 싫지 않았다. 질문한 그 친구는 체구도 크고 육상에 소질이 있어 뜀박질은 물론이고 던지는 것은 무엇이든 잘 해서 창도 던지고 빙글 돌아 원반도 멀리 던졌다. 그때 벌써 큰 대회에도 여러 번 출전했던 걸 기억한다.

꿈도 웃음도 많았던 시절, 지금쯤은 그 친구도 어딘가에서 오래 묵은 독아지 되어 살고 있겠지…….

세상엔, 여러 모양새의 항아리 들이, 모두 서로 다른 삶을 끌어안고 살고 있다. 박물관에 전시된 수백 년 묵은 빈항아리, 조각

난 질그릇 항아리이지만 정말 소중한 선조들의 항아리, 투박하게 생겨 효소를 우려내느라 애쓰는 항아리, 소금 담긴 소금항아리, 꿀항아리, 장항아리 또는, 꽃을 한아름 안고 있는 꽃항아리……. 항아리 자체만으로 소중하고 값나가는 경우도 많지만 내가 보기엔 귀한 내용물을 담아 쓰임 받고 있기 때문에 애지중지하는 항아리도 있지 싶다.

'나'라는 항아리에 품에 담겨 지낸 짧지 않은 삶, 나에게 주어졌던 모든 일상들, 걸핏하면 가냘픈 촛불처럼 흔들리고, 촛농처럼 흘러내리는 뜨거운 눈물까지도 감싸 안고 꺼지지 않게 보호해주신, 그렇게 되게 하기 위하여 무수히 상처 받고 고통 받으신 하느님이 계셨었다는 것을, 늙은 나이에 다시 한 번 깨닫고는 멍으로 더께 앉은 무릎을 다시 꿇고 만다.

아, 또 있다. 그것은, 삼백의 군사로 미디안의 철옹성을 무너뜨린 기드온의 횃불을 감춘 항아리……. 나는 다시 소원한다. 중심에 지펴주신, 옹골차지 않은 믿음의 횃불이 꺼지지 않도록 나를 지켜 주시기를…….

물로 주시는 세례와 성체를 받는 이 아침, 경건해질 수밖에 없는 나를 뒤돌아본다.

겨울나비

며칠째 쉬지 않고 내리는 뉴질랜드의 겨울 장마다. 싸늘하긴 해도 예년엔 그냥 견딜 만했었는데, 올해엔 이제 겨울의 시작인 유월이 되자마자 슬그머니 내의를 챙겨 입고 말았다. 몸살이 왔는지 몸은 오슬오슬 한기가 들고 앉고 일어설 때마다 무릎 관절이 비명을 질러댄다. 난로를 켜고 두꺼운 양말을 챙겨 신어도, 골다공증 걸린 뼈처럼 헛헛한 게 찬바람이 지나가는 듯하다.

오늘 같은 날은 뜨끈한 아랫목에 앉아 남이 끓여주는 얼큰한 육개장 한 그릇 먹고 나면 거뜬할 것 같은데, 나도 모르게 불러낸 아랫목이란 단어에 멈칫할 뿐, 어쩔 수 없어 그리움과 함께 다독여 덮어둔다.

아무리 배고파도 피자는 주식이 되지 못하고 혹여 한두 쪽 먹고 난 후면 한 술이라도 꼭 김치와 밥으로 눌러주어야 속이 편안한, 토종 한국할머니가 오늘 저녁은 피자로 때워 볼까 하고 잔꾀를 부려본다. 나 혼자만 같으면 대충 먹어도 되고 한 끼쯤 건너뛰고 전

기장판 뜨끈하게 데워놓고 내가 일어나고 싶을 때까지 실컷 자고 일어나봤으면 몸살에도 도움이 될 것 같은데, 병중에 있는 남편을 생각하면 그것도 잘 하는 일은 아닌 것 같아 입 밖으로 내놓지도 못한다.

계속 내리던 빗줄기가 가늘어지더니 뉴질랜드답게 언제 비가 왔었냐는 듯, 구름 사이로 햇살이 무더기로 쏟아진다. 여며두었던 쓰레기봉투를 통에 담아들고 나선다. 아직 잔나무가지 끝에 매달려 있는 빗방울들이 보석처럼 곱다.

뒤꼍엔 며칠째 내리는 비에 씻긴 커다란 쓰레기통들이 고택의 장항아리들처럼 반지르르하고, 돌아가는 모퉁이에 자리한 인도네시아 아저씨의 화단엔,키 작은 서광 꽃들이 이 겨울 속에서 시절을 구분 못하고 현란하기만 하다.

샛노란 색과, 자줏빛 비로드 같은 꽃잎들이 함께 어우러져 마치 모두가 한 묶음의 꽃 다발인양 소담스럽다. 빈 쓰레기통을 옆에 놓고 쪼그리고 앉아 한 송이 한 송이를 눈으로 쓰다듬고 손으로 어루만지는데 작은 물방울들은 구르듯 꽃 잎 위에 담겨 있었다. 그때 어디서 왔는지 호랑나비 한 마리가 날아와 꽃 앞에 바투 앉아있는 내 머리 위를 맴돌더니, 나의 존재를 전혀 개의치 않는 듯 곧 바로 꽃 잎 위에 내려앉는다.

춥고 비까지 추적대는 긴 겨울 한가운데에서의 예기치 못한 이 전경이 꿈을 꾸는 듯 경이롭기까지 한데, 도대체 이 나비의 어미는 어디에 알을 낳았고 애벌레는 어떻게 천적을 피했을까?

하긴 오히려 말벌이나 사마귀 등 천적들이 춥고 질척이는 이 겨울이 버거워 휴업 중인 것 같다. 아이비로 덮인 뒷담 어딘가에 집이 있는 듯 말벌들이 자주 보였었고 사마귀도 많았었는데, 요즘엔 통 볼 수가 없으니 해보는 짐작이다.

여기는 한겨울에도 뜰에 꽃이 피어있고 열대식물인 선인장 류의 화분도 집안에 들여놓지 않아도 얼어 죽진 않지만, 그래도 겨울 이때쯤에 나비를 본 건 20년 이민 생활 동안 처음 보는 광경이었다. 나는 여러해 전부터 한국에서 온 유학생이나 여행 온 친지들과 함께 봄이 오면 나비를 길러 날려 보낸다. 알에서부터 애벌레로 여러 번의 허물을 벗고 나비가 되기까지 스완프란트 잎을 뜯어다 먹이며 같이 키워서 날려 보낸 적이 여러 번 있었다.

모국에선 쉽지 않은 경험이기에 애 어른 할 것 없이 모두가 신기해했었다. 그때 함께 했던 아이들 중엔 아직도 나를 나비할머니라 부르기도 하는 것 같던데, 지금은 훌쩍 자라서 코밑 수염자리가 거뭇한 청년이 다 되었다. 신기했기에 같이 즐겼을 뿐이지만 잠깐씩은 내가 만들어내는 재주인양, 우쭐대는 마음이 들기도 했었다. 하긴 나보다 더 오래 전에 이민 온 어떤 사람도 나비를 기르는 건 처음 본다 말하긴 했었는데, 어떤 이도 그렇다 하기에 이파리와 함께 몇 마리의 애벌레를 건네주었다. 노총각인 자기 아들은 "이건 엄연한 생태계 파괴"라고 일갈하면서도 나비가 될 때까지 자주 들여다보더란다. 총각도 신기하긴 했던 게지? 그래서 "으이구, 저나 빨리 장가가서 아들 딸 낳으라고 해, 생태계 파괴하지 말고……."라 말하곤 둘이 깔깔대고 웃은 적이 있었다.

주말아침, 산책에서 돌아오니 냉장고 문에 급하게 쓴 듯한 딸의 메모가 붙어 있었다. "엄마, 우리 여행 갔다 모레 오후 늦게 돌아와요. 애들 좀……." 그 아이들은 투명한 플라스틱 상자 속에서 열심히 스완플란트 잎들을 갉아먹고 있었는데, 그 소리가 마치 풀

잎 위에 내리는 보슬비소리 같았다. 나비 애벌레들이다. 크고 작은 애벌레들이 족히 이십여 마리가 넘는 듯한데 언뜻 보아도 그들을 따라온 먹이가 모자랄 것 같지만, 부추 간수하듯 잎사귀들을 신문지로 도르르 말고 다시 비닐 봉투에 담아 냉장고 야채 칸에 넣어 둔다. 모자라면 차를 몰고 딸네 집에 가서 잎을 뜯어 오든지, 대체 먹이인 단 호박이라도 삶아 먹일 요량으로 걱정은 뒤로 미루어 둔다. 작년처럼, 심청 아범 젖동냥하듯 담장 너머 키위댁에서 좀 얻어다 먹이는 것도 방법일 수 있고……. 그 댁엔, 꽤 큰 스완 플란트가 있는데 아기 주먹만 한 연두색 씨방들이 과일처럼 주렁주렁 매달려 있었고, 알이나 애벌레를 잡아먹기 위해 나무엔 몇 마리의 새들이 푸드득 대고 있었다. 속이 텅 빈 씨방은 가벼워서 물에 띄우면 백조처럼 동동 뜬다고 스완이라 부른다는데, 아직은 덜 여물었는지 입을 꼭 다물고 있었다. 옹골지게 여물면 저절로 터져 하얀 씨앗들이 민들레 홀씨처럼 날아간다.

전에도 젊은 키위댁은, 어눌한 나의 영어보다 먼저 들이미는 애벌레 통만 보고도, 웃으며 고개를 크게 끄덕거렸었다. 예닐곱 살 쯤 된 그 댁 딸아이가 계속 종알대며 졸졸 뒤를 따라다녔다. 알아듣는 말은 단 답으로 대답하기도 하고 못 알아들으면 돌아보며 그냥 웃어 주는데, 그럴 땐 그 아이도 콧등에 주름을 잡으며 파란 눈이 따라 웃었다. 한참 후 나를 콕콕 찔러서 뒤돌아보니 자기가 딴 잎을 내어미는데, 통통한 손이 너무 귀여워 움켜쥔 잎사귀와 함께 두 손을 모아 꼭 잡아주었다.

부엌 방충망 안쪽에서 내어다보던 키위댁이 웃고 있었다. 큰일이나 해낸 것처럼 발그레 상기된 아이의 볼이 발갛다. 이마엔 곱슬한 잔머리들이 붙어있고, 볼록 튀어나온 뒤통수엔 말꼬랑지 금발머리가 햇볕에 빛나고 있었다. 이 아이와 비슷한 또래인 손주들이 키운 나비를 한 마리씩 날려 보낼 때는, 손을 흔들고 강중강중 뛰기도 하고 손뼉도 치며 재미있어 한다. 애벌레를 만지기를 주저하지 않고 어깨나 팔에 올려놓고 놀기도 하는데, 그러는 손주들이 나는 대견하고 신기하기까지 하다. 왜냐하면 아직도 난 애벌레를 맨손으로 만지는 일만은 손주들 같지 않으니…….

나비는 옹색한 뒤뜰의 숱한 화분들 속에서 볼품없이 작고 이파리도 몇 개 매달리지 않은 스완플란트를 용케도 찾아내곤, 잎 뒤쪽에 좁쌀 같은 알들을 여기 저기 낳아놓고는 날아가버린다. 며칠 후면 부화된 작디작은 애벌레가 자기가 몸담았던 알껍데기를 먹이로 먹어 치운 후, 번데기로 매달리기 전까지 그 나뭇잎들을 갉아먹고 자란다. 잎을 다 먹고도 배가 덜 차면 줄기까지도 잘라 먹어버린다. 그렇게 하라고 어미 나비는 꼭 그 나무를 찾아 알을 낳는 것 같다. 자칫 거꾸로 매달려 줄기를 갉아먹기라도 하면, 줄기와 함께 땅으로 떨어지기도 한다. 하지만 대부분의 애벌레는 움직일 때마다 명주올 같은 끈끈한 실을 입에서 뽑아 닿는 곳마다 걸치며 움직이고 다니기 때문에, 높은 곳을 좋아하는 애벌레는 실족을 하여도 좀체 떨어지지는 않는다. 흰줄과 검은 줄이 바코드 닮은 애벌레는, 다 자라 성충이 될 때까지 늘 천적들에게 노출되어 있다. 한 번도 저항해보지 못하고, 하다못해 개미떼에게도 당하고 만다.

내가 애벌레를 격리시켜 키우기 시작한 것도 곧 번데기가 될 다

자란 애벌레가 새끼사마귀에게 잡아먹히고 있는 것을 본 이후였다. 새끼사마귀는 긴 다리로 애벌레를 앙칼지게 움켜쥐곤 역삼각형의 얼굴을 요냥조냥 까닥대며 뜯어먹고 있었다. 누가 가르쳐주지도 않았는데 저 스스로 알고 순응하는 걸 보면, 정말 나는 생태계를 파괴하고 있는 건지도 모르겠다는 생각을 잠시 하기도 했었다. 통계적으론 야생에서는 백 개의 알 중 겨우 한두 마리만이 나비가 된다는데, 통속에 번데기로 매달려 있는 주제에도 어찌나 까탈을 부리는지 다소 시끄러운 주위의 소리나 소소한 자극에도 꼼지락대며 신경질까지 부린다.

오늘은 늦둥이로 낳아놓은 올해의 마지막일 듯한 나비 다섯 마리가 거의 비슷한 때에 번데기에서 깨어났다. 나비는 누가 가르쳐주지도 않았는데 꼭 끼는 원피스의 뒷지퍼를 손수 열듯, 힘든 산고를 치른 후 거꾸로 매달려 태어난다. 모양도 색깔도 분명한 호랑나비인데 학명이 뭔지는 모르겠다. 한 마리씩 검지에 붙여 빨랫줄에 널려 있는 하얀 침대 시트에 나란히 붙여놓고, 구겨진 날개가 마르고 펴질 때까지, 나는 다른 일손을 놓고 주변을 서성인다. 천천히 접었다 폈다하는 걸음마 날갯짓에, 성글어진 초가을의 햇볕이 잘게 흩어진다.

나비는 생태계 최하위 권에서 누구에게도 상처주지 않으며, 앉았다 떠난 자리도 표 나지 않게 조용히 떠난다. 벌처럼 나중에 먹겠다고 꿀을 저장하지도 않고, 다리에 꽃가루조차도 묻혀가지 않는다. 그저 한철 살다가 쓰러질 때의 나비를 누구도 궁금해 하지 않는다. 나비가 한 마리씩 푸른 하늘로 날아오른다. 거미줄엔 앉지도 말고 천적은 잘 피하라는 당부의 마음을 날개에 얹어 띄우지만, 가끔은 날자마자 손이 닿지 않는 거미줄에 걸린 애잔한 몸부림을 대책 없이 올려다보기도 하고, 어리벙벙한 나비를 작은 새 한 마리가 하늘을 가르듯 빠르게 뒤쫓아 가기도 한다.

이민 초기 낯선 환경과 서툰 영어로 자맥질하듯 숨 가쁘게 하루를 여닫을 때에도, 걷잡을 수 없이 남편의 병환이 나를 휘두를 때에도, 나비 키우기는 나에게 위로와 쉼표 같은 마음의 여유를 주었었다. 꿈틀대는 애벌레의 촉감이 썩 좋지는 않지만, 틀림없이 나비가 된다는 그 확신이 그 일을 반복하게 하곤 했다. 나도 남편의 병환이 나아질 거라는 확신으로 춥고 비 오는 긴 이 겨울을 견디고 있다. 대낮인데도 어둑한 뉴질랜드의 겨울장마는 몸살과 함께 나를 우울하게 하더니, 꿈처럼 다녀간 호랑나비 한 마리가 주저앉고 싶게 지쳐가던 심신을 겨드랑이에 팔을 끼워 나를 다시 일으켜 세운다.

장마가 걷히고 봄이 돌아오면 나는 또 나비를 키우고 날려 보낼 것이다. 비록 많은 것을 참고 견뎌야 하는 이민자의 삶과 많이 진행되어 버린 남편의 간병이 녹록하진 않아도, 아름답고 평화로운 이 나라에서 나비를 키우고 날려 보내는 할머니의 여생이 이만하면 족하지 않은가? 겨울을 견디는 나비를 보며 춥다, 아프다며 짜증 부리던 나 스스로를 토렴하는 하루였다.

나는 겨울 나비다.

오해

일주일 넘게 오클랜드 병원에 입원해있는 남편을 돌보다 병원을 나서니 밖은 어느새 줄줄이 가로등이 켜져 있고, 지나다니는 차들도 전조등을 켜고 달리고 있었다. 입원 초기엔 면회시간 끝나면 야멸차게 내쫓더니, 요즘엔 약간 늦어도 크게 나무라지 않고 간호사들과 지금 돌아가느냐는 모양새로 눈인사까지 주고받게 되었다.

남편의 병세가 바람직한 쪽으로 진단이 나와야 될 텐데 생각하며, 큰 사거리에서 직진 신호를 기다리고 있었다. 그런데 내 차를 감돌아 우회전하던 반 트럭이 있었다. 중년의 남자와 열 살 쯤 돼 보이는 부자지간인 듯한 두 남자가 타고 있었는데, 갑자기 속도를 줄이더니 나에게 이상한 시늉을 한다. 그 차에 탄 아이가 나에게 손가락질을 허더니 양손을 관자놀이에 붙이고 손을 오므렸다 폈다를 반복하며 뱅글거린다. 아비인 듯한 사람은 대견한 듯 곁눈으로 보고 웃고 있었다. 나는 신호 대기선 맨 앞에 정차해 있었고, 뒤돌아보니 내 뒤쪽으론 쭉 차선이 비어 있기에 왼손으로 내 가슴을 짚으며 소리 안 나는 입 모양으로 “ME?”하고 물었다. 아이는 크게 고개를 주억거리더니, 자기네 둘이 마주보며 활짝 웃고 지나가 버린다. 모든 일이 너무도 순식간에 지나간 일이라 직진 신호가 떨어졌는데도 쩔쩔 매고, “내가 뭘 잘못 했길래……. 도대체 뭐……. 그리곤 궁시렁대기 시작했다.

“쬐끄만 녀석이 말야. 늙은 할머니라고 놀리는 거야 뭐야? 애는 그렇다 치고 그러는 애를 타일러야지, 능글능글 웃으며 같이 나를 놀려? 이러언…….”

그렇게 돌아오고 있는데, 마주오던 차가 “빵”하고 짧은 경적을 울리면서, 내 곁을 지나간다.

“아이구, 깜짝이야! 오늘은, 왜 이렇게 나에게 관심 갖는 이가 많은 거야…….”

그런 후, 큰길을 막 벗어나 집으로 들어오는 고샅에서 깜짝 놀라 차를 멈췄다. 앞이 깜깜하여 보이질 않는다.

“내가 전조등을 켜지 않고 달렸던 거야……?”

나는 시동도 끄지 못한 채, 후다닥 차에서 내린 후 후미 등 앞에서 그 아이가 뒤따라오기라도 한 것처럼 검은 허공에 대고 중얼댄다.

“아이야, 할머니가 미안하다. 정말 미안해. 애기 아버지 아들 참 잘 키우셨네요. 그리고 경적 울려주신 분, 그분도 신경 써주셔서 참으로 고맙구먼유.”

어두운 하늘엔 별들이 안개꽃처럼 퍼져 나를 내려다보고 있고, 어느 집 벽난로 연기가 향긋한 나무 탄내와 함께 온 동네를 휘감

고 흘러간다. 서둘러 들어가 봐야 아무도 반기지 않는 빈방, 나는 차에 기댄 채 옛 생각에 잠긴다.

내가 걱정해도 소용없는 고국의 가뭄과 더위, 이때쯤 생각나는 한 젊은이가 있다. 내가 이곳으로 떠나오기 훨씬 전이니 오랜 세월이 흘렀다. 큰 도로 변에서 작은 가게를 운영하고 있을 때, 자주 앞을 지나가는 걸 본 적이 있는 한 젊은이가 어느 날 가게에 들렀다. 윗옷을 접어서 팔에 걸치긴 했어도 그 폭염에 정장차림인 것을 보면, 대인 관계가 많은 직업에 종사하는 듯 보였었다. 생수통을 가리키며 '물 좀 마셔도 되겠냐?'는 말씨엔 꾸미지 않은 정중함이 묻어 있었다.

그 후로 거의 매일 비슷한 시간에 들러 목울대를 울리며 생수를 꼭 두 컵씩 들이켜고, 잠시 땀을 삭이며 더운 날씨 얘기와 사업얘기 일상적인 얘기들을 했었다. 시골에서 농사지으시는 노(老) 부모님의 고추밭이 가뭄으로 타들어가고 있다는 얘기할 때는, 눈빛이 흐려지는 것 같기도 했었다. 그리곤 내가 자기 어머니와 많이 닮았다는 말을 할 땐, 옳거니 이제야 본론을 꺼내나 보다 생각했다. 가령 무엇을 사달라든지, 자신의 비즈니스 얘기…….

그랬지만 그것뿐이었다. 나도 무슨 일을 하는지 묻지 않았다. 그 후로 하루 이틀 안보이면 궁금하고, 누가 생수를 따라 먹을 때 보그르르 솟아오르는 물방울을 보면, 어디서 목이 마르고 있지나 않나 생각하곤 했었다.

그러던 어느 날 빌딩 알림판에 방이 붙었다. "몇 날 몇 시부터 옥상 물탱크 청소로 단수가 되지만, 1층 화장실 한켠에 식수로는 못 써도 계속 물이 나오니, 그 물을 사용하라."는 광고였다.

그날이 왔다. 서둘러 청소도 끝내고 대걸레도 빨아 짜놓고는 허드렛물로 쓸 요량으로 빈 생수통에 반쯤 물도 받아 옆에 놓고 있는데, 그 젊은이가 그리로 찾아왔다. 가게에 내가 없으니 물어 거기까지 찾아온 모양이었다.

"왔어? 다 했어. 갈께"

보내고 뒤따라 가보니, 청년은 가고 없었다. 그것이 그 청년을 본 마지막이었지만, 왜 말없이 갔는지, 왜 다시는 오지 않는지, 오랫동안 궁금했지만 아무 짓도 할 수 없었다. 다만 그날 화장실에서 갑자기 서늘해지던 눈빛과 뒷걸음치던 그의 몸짓이 되새김될 뿐이었다.

가장 유력한 추측은 생수통에 담겨있던 물을 본 후, 그동안 자신이 달게 얻어 마신 생수가 사실은 화장실 한켠에서 받아놓은 수돗물로 오해했을 수도 있었겠다 싶은 생각을 해보기도 했지만, 도대체 해명을 할 수 있는 기회도 없을 뿐 아니라, 이민까지 왔으니 이 세상 살면서는 오해를 풀길이 없을 것 같다.

우리는 살면서 작든 크든 숱한 오해를 하기도, 당하기도 하며 살고 있다. 하지만 나는 오해를 두 종류로 나뉜다고 생각한다. 죽기 전에 풀 수 있는 오해와 그렇지 못한 오해가 그것이다. 어떻게든 풀 수 있는 오해는 오해가 아니기 때문이다.

TV화면 속에 거북 등처럼 갈라진 고국의 가뭄과 폭염 소식을 들으며 줄줄이 따라 올라오는 상념에 잠기는 하루였다.

담배

해마다 이맘때면 어김없이 클리닉센터에서 불러들이는 편지가 온다. 일상생활엔 아무 징후를 못 느끼는데, 내 심장에 이상이 있다고 한다. 예약된 날짜와 시간에 거길 가면, 의사가 심전도 검사를 하고 심각한 얼굴로 초음파도 들여다본다. 심장에서 나오는 동맥이 부어있는데, 아직은 큰 문제는 되지 않으니 좀 더 지켜보잔다.

벌써 여러 해가 지났다. 문진 중에 동석한 여성 통역이 '담배를 피우느냐?'고 의사가 묻는단다. 나는 '담배를 안 피운다'고 했고, '과거에도 피운 적이 없었다'고 했는데도, 몇 번이나 거푸 '담배를 피우면 안 된다'고 말한다. 그땐 그냥 안 좋은 거니까 통역이 날 생각해서 강조하는 줄만 알았다. 그런데 집에 와서 가만 생각해보니 나한테서 나는 냄새 때문에 그러는 것 같았다.

매주 수요일이면 퇴행성관절염을 앓고 있는 손가락에 침을 맞고 뜸을 뜨는데, 그 뜸 냄새가 꼭 담배냄새 같다. 그런 줄 알고 한의

원에 갈 땐 교복처럼 같은 옷만 입고 가는데, 목요일에 센터에 가면서 깜박하고 어제 입었던 옷을 입었던 것이다.

언제가 될지, 또 그 통역이 배정될 진 모르지만, 다시 만나면 해명을 하리라 다짐을 해본다. 그날은 시간이 남아 둘이 카페에서 커피까지 마시며 여유로웠는데 그때 해명했으면 좋았을 것을……. 평소에 흡연은 각자 좋아서 즐기는 기호식품이니 남에게 피해만 주지 않으면 너무 범죄시하는 건 맞지 않다는 게 나의 지론이었다. 하지만 안 피우는데 오해를 받긴 싫다.

위층에 사는 쎄미 아빠는 애연가다. 담배를 입에 문 모습을 심심찮게 보는데, 베란다에서 담배를 피운 후 아래층으로 꽁초를 던지면, 우리 집 거실 창문 앞 잔디밭에 떨어진다. 그 잔디밭은 공동 주차장으로 쓰이는데, 가끔 보면 히끗히끗 꽁초들이 제법 많이 떨어져 있다. 쓰레질을 하러 나가면, 비질도 잘 안 되고 나무젓가락으로 일일이 주워내야 하는데……, 급기야 어느 날 위층을 올려다보며 쎄미 엄마를 불러냈다.

말이 무슨 필요가 있겠는가? 한 손에 들린 쓰레받기와 나무젓가락에 끼워있는 담배꽁초만 보아도 이슈가 무언지 알 테니까……. 그리곤 시원치도 않은 영어로 말한다. "쎄미 아빠가 담배 피우는 건 상관치 않겠으나, 여기에 꽁초를 던지는 건 좀……. 얼마 전, 이젠 이쁜 아기도 생겼으니 담배를 끊든지 아니면 좀 줄이든지 하면 좋지 않을까?"라고. 쎄미 엄마에게 언질을 준 적이 있던 차였는데, 달라지는 게 없어 "쎄미 엄마, 너도 피우냐?"고 물으니 펄쩍뛰듯 손사래를 친다. 그러면서 자기가 말했더니 화를 막 내서

크게 싸웠다며 그랜마더가 한 번 더 직접 말해달란다.

"요것 봐라, 그런데 내가 왜?"

얼마 전부터 꽁초는 어디에 모으는지 잔디밭엔 떨어지지 않는데, 애 아빠는 내 눈치를 많이 보고 숨어서 피우는 것 같았다. 집 뒤쪽으로 들어가 나무 밑에서 담배를 피우곤, 안 피운 척 털고 나온다. 호랑이 날고기 먹는 줄 모를까봐……. 담배냄새란 게 워낙 강하고, 우리 집안엔 담배를 피우는 사람이 한 사람도 없으니 면역이 안 되어 꽁초 하나만 집 안에 있어도 금방 알아차리는데, 입을 싹 닦고 나오는 쎄미 아빠에게 한마디 한다.

"맛있었냐?"

쎄미 아빠는 시커먼 얼굴이 벌개져서 외면하는데, 위층 베란다에서 쎄미 엄마가 내려다보고 남편 모르게 '엄지 척'을 하더니 살짝 웃고 안으로 들어간다.

나는 밤이 되면 운동을 나간다. 30여 호가 모여 사는 타운하우스의 주차되어 있는 차들을 피해 길을 따라, 이쪽으로도 또 저쪽으로도 반시간쯤 걷는다. 멀리 나갈 수 없는 내 형편이 만들어낸 자구책이다. 걷다 보면 가끔 차 사이에서 반딧불이처럼 깜박이는 애연가들을 자주 본다. 나는 될 수 있으면 그들을 피해 다니고,

외등의 불빛이 닿지 않는 빈 카포트 안에서는 스트레칭을 한다. 무릎을 구부려 앉았다 일어나기도 하고, 팔을 쭈욱쭈욱 늘리기도 한다. 이쪽저쪽으로 엉덩이도 돌리며 목운동도 열심히 한다. 아무튼 온몸을 늘릴 수 있는 대로 늘리고 있는데, 어디서 갓 뿜어낸 담배 연기 냄새가 난다. 스트레칭을 시작하기 전 주변 캄캄한 승용차 안엔 아무도 없었는데 이상했다. 나중에 보니 내 눈높이에서 약간 벗어난 운전석이 좀 높고, 지붕에 사다리를 늘 얹고 다니는 깜깜한 봉고차 안에서, 13호 집 인도 남자가 담배를 피우고 있었던 것이다.

그 앞에서 나는 갖은 모양새로 묘기를 부리고, 차에 대고 팔굽혀펴기까지 했었는데, 힘쓸 때 혹시 방귀는 뀌지 않았는지, 나만 반딧불이를 살피나 했더니……. 눈 한 번 치떠 살폈으면 아무 일도 없었을 텐데, 이게 무슨 망신이람……. 내가 알아차린 걸 안 13 남자도, 계면쩍은지 차에서 내려 추리닝 바지춤을 한번 추스린 후, 어

슬렁거리며 저쪽으로 피하는데 내 느낌일까, 뒤통수에 나는 좀 전에 당신이 한 일을 다 알고 있소 하는 듯 보였다.

그리곤 짙푸른 하늘에 떠있는 북두칠성을 올려다보며, 입안에 모았던 연기를 뽀얗게 뿜어 올린다. 저렇게 맛있을까? 요즘의 나는 맛있는 것도 먹고 싶은 것도 별로 없다. 내가 만든 음식도 늘 맛이 없는데 저렇게 맛나게 빨아들이고, 시원스레 내뿜는 담배 연기가 오늘은 나도 구수한 게 싫지 않다. 그런데 그 댁 부인이 만삭으로 오늘 낼 하는 것 같던데, 갓난쟁이가 생기면 그의 흡연이 용서가 될는지, 지금도 저렇게 추운 밖으로 쫓겨나 까만 하늘 아래 반딧불이로 깜박이고 있는데…….

이민 와서, 처음으로 다육 식물을 접하고 거기에 매료되었었다. 집 근처에 있는 YMCA 강당에선 해마다 전시회가 열리는데, 별별 희귀한 선인장이나 다육 식물을 전시도하고 판매도 했었다. 거기서 받은 농장주의 명함을 들고 먼 곳까지 찾아가서, 구경도 하고 사오기도 하고 얻어 오기도 했었다. 기름 값은 차치하고라도, 푼돈이 수월찮게 깨졌다. 그러면서 늘 동행하던 조카와 함께 변명 비슷하게 "내가 술을 마시냐? 담배를 피우느냐?"라고 했었는데, '이렇게 냄새가 구수한 것을 보면 다육식물 키우길 정말 다행이다' 라는 생각이 든다. 담뱃값도 만만찮은데, 나도 담밸 피웠으면 캄캄한 밤에 홀로 나와서 자동차들 사이에서 흰 연기를 뿜어내고 있지 않았을까 하는 생각이 든다.

남편은 요즘 뒤늦게 전자담배를 뻑뻑대며 빨고 있다. 사위가 파킨슨을 앓고 있는 남편에게 담배가 도움이 된다는 논문 기사를 보고 사가지고 왔다. 진전 증상은 확실히 줄어든 것 같긴 한데, 아무튼 뭐라도 해봐야겠기에 임상실험 중이다. 까딱했으면 남편과 맞담배질을 할 뻔했다.

이 글을 쓰고 난후 딸에게 한마디 들었다. 딴 사람에게 피해만 주지 않으면, 상관하지 않는다는 엄마의 생각은 잘못 됐단다. 왜냐하면 아무래도 확률적으로 흡연자의 발병율, 폐암이라든가 기타 질환이 많아지면 보험수가가 올라가는 것도 피해이니까……. 백번 옳은 말이라 아무 말도 못했다. 며칠 후, 13호집 여자가 아들을 낳은 후 병원에서 퇴원했다는 말을 쎄미 엄마한테 들었다. 신통하게도 그날 밤부터 반딧불이 13호는 밤에 볼 수 없었다.

바자회

박 집사가 어제 저녁 비행기로 출국했을 텐데, 공항엔 못 나가고 지금쯤 한국에 잘 도착했겠지? 궁금해 하고 있는데 박 집사가 떠나면서 인편으로 큼직한 쇼핑백을 보내왔다.

"이게 뭐래요?"

"저도 잘 모르겠어요, 안에 무슨 카드라도 들어있지 않겠어요?"

안을 열어보니 반짝반짝 빛나는 빨간색 에나멜 숄더백이 들어 있었다.

"아니 이게 왠 거야"하며 핸드백을 열어 보니, 작은 카드와 함께 영수증이 들어 있었다. 그리고 카드엔 이런 글귀가 적혀 있었다.

"그동안 사랑해주셔서 감사합니다. 사실은 집사님이 들고 다니시는 핸드백, 교회 바자회 때 제가 내놓은 거거든요. 식당이나 휴게실에서 핸드백 자랑하실 때마다 제가 늘 죄송했거든요."

'그래, 그때 2불 주고 교회 바자회에서 샀었지.' 좀 낡긴 했어도 안쪽이 깨끗하게 정리돼 있고 아직도 장식이 빛나고 있는 게 아마도 새 거였을 땐 한 물건 했을 그 핸드백, 크기도 맘에 들고, 끈의 길이도 짤달막 한 게, 휘뚜루마뚜루 쓰기에 딱 좋아서 바겐세일에서 외치는 소리에 "나 하나 건졌어"했던 그것……. 박 집사는 구순구순하여 딴 이들과도 잘 어울리고 늘 남을 배려할 줄 앎으로 행복하게 해주는 사람이었다.

비 오는 날 들기름에 부쳐 먹는 호박부침 같은……. 내가 좋아하고 또, 떠나보내기 섭섭한 사람이었는데 떠난다 했다. 특히 이곳 뉴질랜드는 만나고 헤어짐이 많은 곳으로, 어쩔 수 없이 마음을 추슬렀었는데…….

"아니 자기가 미안할 게 뭐람. 내가 재밌고 좋은데. 자기 거라고 하니 더 좋구만."하고 혼자 궁시렁거렸었는데……. 그나저나, "예쁘게 쓰세요"라는 끝 구절에 묶여, 몇날 며칠을 살펴봐도 나에게는 부적합한 것 같았다. 끈의 길이는 전혀 나의 키가 고려되지 않았고 색깔은 내 나이를 그냥 무시해버려, 뉴질랜드에서 내가 메고 다닐만한 패션이 전혀 아니다. 떠나기 전 그 바쁜 중에 나를 위해 백화점을 헤맸을 마음이 고마워, 행거에 걸어놓고도 보고 정장에 들어도 보는데 자신이 없다.

"나중에 며느리 줄까? 아니면 두었다 누구에게 선물할 일 생기면 그때 쓸까?"

그러다가 "맞아 ! 영수증을 챙겨 넣어준 걸 보면 말로는 예쁘게 쓰세요"했지만, 내가 꼭 들 거란 확신은 그에게도 없었던 거야. 바꾸자. 이건 순전히 박 집사가 영수증을 넣어준 탓이야 하며 미

안한 마음을 조금 접고 백화점으로 향했다. 그런데 바꿀만한 물건이 없다. 옷은 체형이 맞지 않아 윗옷은 목 라인이 너무 깊고, 소매는 또 너무 길어서 바보 같다. 몇 바퀴를 돌다 눈에 띈 것은 아담하게 팡파짐한 무쇠솥. 여러 번 인하된 값이 영수증의 그것과 딱 맞는다.

"그래 이거야."

그렇게 해서 무쇠솥을 산 지가 벌써 십여 년, 지금도 야무진 무쇠솥은 볶음도 잘 해내고 찜도, 뭐든 잘해서 톡톡히 부엌일을 돕고 있다. 물론 그때 건진 핸드백도, 휴대폰이며 손수건 지갑 등, 올망졸망한 나의 잡동사니들을 품어 안고 늘 나와 함께 한다. 내가 좋아하고, 늘 보고 싶어 하는 이가 쓰던 물건이라 그런지 더욱 애착이 간다.

"티셔츠가 아주 싸요. 입다가 연탄아궁이를 막아도 이문입니다." 까르륵, 모두 넘어간다. "뉴질랜드에 연탄아궁이가 어딨어요?" "그러니까, 마르고 닳도록 입으라구."

건너편에선 청년부 줄리가 내가 내어놓은 신발을 신고, 폼을 내보고 있다. 웃고 떠들며, 지낸 오래전 바자회, 나는 잊지 못한다. 가방을 보면서, 무쇠솥을 보면서…….

"아. 나. 바. 다." 아껴 쓰고, 나눠 쓰고, 바꿔 쓰고, 다시 쓰고……. 더구나 좋은 목적을 가지고하는 바자회, 이 나라에서 맛볼 수 있는 작은 즐거움이 아닐까?

오늘은 무쇠 솥에 들기름 두르고 부추지짐이나 부쳐야겠다. 좋은 이들도 부르고…….

멜로의 늦팔자

며칠씩 내리는 뉴질랜드의 겨울장마는, 늘 고국의 아랫목을 생각나게 하는데, 그러다가도 언제 그랬느냐는 듯 비가 멎고 구름 사이로 햇살이 쏟아지곤 한다. 잔 나뭇가지 끝에 매달린 빗방울이 채 마르기도 전에 또다시 비는 내린다. 이십여 년 살면 뉴질랜드의 겨울장마가 익숙해질 만도 한데, 해마다 겨울이 돌아와 긴 장마철이 되면 똑 같은 우울감으로 하루를 보낸다.

어느 핸가 그 겨울도 춥고 냉하고 질척이는 그런 날, 길고양이 멜로는 딸네 집에 찾아들었다. 비를 맞은 추레한 모습의 페르시안 고양이는 번듯하게 멜로라는 이름으로 목걸이까지 했는데, 거기에 적혀 있는 주소가 집에서 멀지 않은 곳으로 비가 멎으면 데려다주기로 했었다. 손주들은 불쌍하다고 냉장고를 뒤져 먹을 것도 주고, 털도 닦아주면서 우리가 키우면 안 되냐고 몇 번이나 묻곤 했었지만, 엄연히 목걸이에 주소가 있는데 그러자고 대답하긴 어려웠을 게다.

멜로는 제집처럼 문간에 앉아 주는 밥을 챙겨먹고, 집이 비면 식구들이 올 때까지 대문간을 지키다가 차가 들어오면 애들보다 먼저 집 쪽으로 달려오긴 하지만, 절대로 먼저 현관 문턱은 넘어

서지 않았다. 아주 점잖아 우리끼리는 양반고양이라며 웃기도 했었다. 비가 멎고 거짓말처럼 햇살이 퍼지던 날, 주소를 찾아 그 댁엘 찾아가 자초지종을 얘기하니 키위 아줌마가 말하길, 새끼고양이 한 마릴 더 얻어왔더니, 질투를 못 이겨 가출한 거라 하더란다. 얼마 후에 보니 그 댁은 넘겨 준 전화번호에 연락도 없이 아예 이사를 가버리니 어쩔 수 없어서이긴 하지만, 아이들은 쾌재를 부르고 키우기 시작했다. 고양이를 별로 좋아하지 않던 사위도, 고양이 살림을 사서 나르기도 한다. 얼마 전 서울을 다녀 온 사위는 멜로 선물로 고양이 발가락 사이의 털을 깎는 가위까지 사왔다. 막상 선물 받은 멜로는 털 깎는 걸 싫어하지만, 어쨌든 온 식구가 아주 아기 다루듯 하며, 지금 칠 년째를 그렇게 살고 있다. 사람 나이로 치면 확실치는 않아도 육십은 넘은 것 같다고 한다. 그렇지만 새끼를 낳은 흔적이 없는 걸 보면 멜로는 아직 처녀다.

가끔 딸아이가 톡으로 사진을 찍어 보낸다. "이쁘지? 이쁘지?" 간곡하게 동의를 구해도, 고양이를 별로 좋아하지 않는 나는 "이게 무슨 걸레 뭉치냐?"하며 놀린다. 갈색인 멜로는 고급 고양이로 알아주지만 이젠 늙어서 털이 윤기가 없다. 기운이 없어 캣타워도 잘 못 올라간다. 그래서 딸은 '중고 시장에 매물로 내놓았다'고 갑자기 목소릴 죽여 아주 작은 소리로 속삭이듯 말한다. 멜로가 옆에 있어 들으면 섭섭해 한단다. 하긴 나도 쓰지도 않는 물건들을 못 버리고 지니고 있으니 멜로도 알면 섭섭해 하긴 할 것 같다. 멜로 물건 중 가장 크고 값나가는 물건이니……. 멜로는 내가 보기엔 눈뜰 기력도 없는 것 같은데, 딸은 원래 그런 거라 우기니

할 말은 없다. 새들도 얕잡아 보고 멜로 바로 옆까지 와서 지줄댄다.

휴가철이 돌아왔다. 몇 개월 전에 예약해놓은 휴가를 떠나야 하는데 고양이 맡길 곳을 인터넷으로 수소문한다. 고양이호텔을 고르는 데는 가격도 가격이지만 환경을 봐야 한다고, 딸아이는 컴퓨터에 매달려 웹서핑을 한다. 작년에 맡겼던 집은 주인은 좋은데, 개를 같이 받아서 멜로가 무서워한다고 한다. 휴가철엔 그것도 미리미리 예약하지 않으면 맘에 드는 데로 못 보낸단다. 3박4일 일정의 휴가를 이른 새벽에 떠나면서 집에서는 멀어도 고양이만 받는 환경 좋은 곳을 골라 두 시간쯤 일찍 출발을 해야 하지만, 식구 모두 불만 없이 움직인다. 새벽의 두 시간, 쉽지 않은 일이다. 휴가가 끝나고 돌아올 때에도 피곤할 텐데, 고양이 찾으러 먼 길을 돌아와도 아무도 불평하지 않고 멜로 만날 설렘으로 기분이 좋아진다 한다. 예방접종을 해야 받아준다고 해서 동물병원에 가서 주사도 맞히고, 얼마 전엔 뭔가 괴로워하는 것 같아 병원엘 데려갔더니, 이가 다 썩어서 이빨 여러 개를 뽑았다고 한다. 치료해줬단 말만 하지 얼마를 지불했다는 얘긴 안한다.

이 나라는 의료비가 거의 다 무료지만 치과는 보험도 안 되고 엄청나게 비싼데, 고양이는 보험이 되는지 이빨을 뽑을 때 한 대에 얼마씩 하는지는 잘 모르겠다. 나는 어렸을 때 어금니가 썩어서 엄청 아팠던 기억이 아직도 남아있다. 이상하게도 치통은 밤만 되면 더욱 심해졌었다.

그때를 생각하곤 "어이구 잘했네. 복 받을 일이야. 얼마나 아팠

겠니?"했다. 몇 백 불은 족히 나가지 않았을까?

"엄마! 고양이가 밤만 되면 너무 구슬프게 울어서 동네에 민폐인 것 같아, 어쩌지? 중성화수술을 해줘야 하나……?"

그 나이에도 그렇구나……. 참으로 이상한 인연으로 만나서 수년간 사랑을 받고 말년을 보내고 있는 멜로! 오늘 밤도 멜로는 사랑 찾는 애절함을 울 것이고, 딸은 밖으로 새어나가는 울음소리를 차단하기 위해 알뜰하게 커튼을 여미고 있을 것이다. 아니 그건 울음소리가 아니고, 노랫소리인지도 사람들은 모른다.

"내 나이가 어때서, 사랑하기 딱 좋은 나이 인걸……."하고.

오월

"아! 오월이군요"

헨리 8세의 왕비였던 앤 여왕이 부정의 누명을 쓰고 단두대에서 처형되기 직전, 하늘을 우러러 보며 마지막으로 한 말이라 한다. 억울한 누명에 대한 통한의 한마디 일수도 있지만, 정말 감탄할 만큼 하늘이 고왔을지도 모른다는 생각을 소녀적인 감성으로 되돌아가 덧칠해보기도 한다.

사람들은 달이 바뀌면 같은 달을 맞으면서도, 어떤 이는, "이제야 몇 월이네……."하기도 하고,

누구는 "벌써 몇 월이야……."라 하기도 한다.

그 사람들 중 나는 "벌써 오월이네"하며 달력을 넘긴다.

수필가 피천득님은 오월에 대하여,

"오월은 금방 찬물에 세수한 스물한 살 청신한 얼굴이다.

오월은 하얀 손가락에 끼어 있는 비취가락지다.

오월은 앵두와 어린 딸기의 달이요, 오월은 모란의 달이다.

그러나 오월은 무엇보다, 신록의 달이다.

전나무의 바늘잎도 살결같이 보드랍다."라고 쓰고 있다.

지금 고국의 오월은 이른 봄꽃이 지고난 뒤 향기 짙은 라일락 향기가 골목마다 구름처럼 피어오르고, 싱그러운 녹음은 정열의 여름을 준비할 때이다. 떠나오기 전 내가 살던 집 옆 저택엔 늙고 큰 라일락 나무가 있었다. 그 나무는 제 품의 절반을 담 밖으로 내어주고 있었고, 해마다 연보라 꽃이 필 때면 그 댁에선, 크고 밝은 등 여러 개를 나무 위쪽으로 비추게 해놓았다. 그래서 동네가 등롱을 밝힌 듯 환해서 지나가는 이도 한번쯤은 담 안쪽을 올려다보기도 하고, 애써 맡으려 하지 않아도 느껴지는 그 향기에 취하곤 했었다. 그 나무는 엄청나게 커 웬만큼 내리는 비엔 둥근 비 그림자가 보송보송 젖지도 않았다.

가끔 저녁을 먹은 후 아주 편안한 차림으로 슬리퍼를 끌고 그 나무 밑 담에 기대서서 지그시 두 눈을 감으면, 어느 추억 속에서 있는 것 같기도 하고, 아무에게도 하지 않은 비밀스런 말을 해도 될 것 같은 착각이 슬며시 나를 미소 짓게도 했었다.

푸른 하늘과 신록의 달, 앤 여왕이 마지막 올려다본 그 하늘은 아마도 내 고국의 오월과 닮지 않았을까 싶다. 하지만 이곳 뉴질랜드의 오월은 겨울 장마를 예고하듯 자고 일어나면 화초들은 비에 젖어 있고, 여름내 말라 있던 뒤뜰 툇마루의 이끼들이 되살아나고 있다. 아침에 깨면 습관처럼 열어젖히던 창문도 열지 못하고 감기 예방 주사도 맞아야 되고 김장도 해야 하고……. 나름 겨울 채비를 하는 오월의 일상을 살고 있다.

나는 가랑가랑 내리는 빗속에서 고국의 오월을 찾는다. 등롱 같던 라일락과 푸른 하늘과 신록을……. 그러나 마음에 빛이 없으면 환한 방도 어둡게 보인다 했는데, 며칠 전 전해진 친구의 부음 때문일까? 온 세상이 자꾸 뿌옇게 보인다. 어렸을 적엔 주름진 노인들은 종류가 따로 있는 줄 알았는데, 내 나이 칠십을 넘기고 보니 아프거나 떠나는 친구들을 보면, 아직은 아까운 나이인데 하며, 안쓰럽기도 하고 앳됐던 얼굴들만 떠오른다.

시인 T.S 엘리엇은 '사월은 잔인한 달'이며, 또 '사월은 천치와 같이 중얼거리며, 꽃 뿌리며 온다'고 했는데, 꽃 좋아하던 그 친구는 꽃향기에 홀려서 사월과 함께 갔는가? 천치처럼……. 티슈 통을 옆에 두고 잘 못 써진 원고지를 구겨 던지듯 눈물을 찍어낸다. 먹먹한 가슴속에 자꾸만 꺼지려는 작은 등 하나를 켜고, 그 등 꺼지지 않게 숨을 가두고 다시 등불을 끄듯 큰 숨으로 몰아낸다. 그리곤 주문을 외듯 옛 수필가 피천득님의 시구(詩句)를 소리 내어 중얼거린다.

"신록을 바라다보면 내가 살아 있다는 사실이, 참으로 즐겁다. 내 나이는 세어서 무엇 하리. 나는 오월 속에 있다."

하지만 지금 뉴질랜드의 신록은 어디에든 있기도 하고, 또 어디에도 없다. 오로지 높은 곳에 계신 그분께 기대어 눈먼 사람처럼 더듬거리고 있다. 화사한 오월의 신록을 찾아…….

물놀이

"톡 톡 톡."

목욕탕 천장에서 물이 떨어진다. "이게 무슨 일이야"하고 허둥대는 동안, 물 떨어지는 속도는 더욱 빨라지고 여기저기 물의 양도 많아 흥건하게 고였다. 세탁기에 들어있던 빨래를 모두 꺼내 받혀놓고, 서둘러 뒷마당으로 나갔다. 뒷마당엔 우리 집과 윗집으로 올라가는 수도관의 밸브가 나란히 나무데크 밑에 있는 걸 알고 있던 터였다. 윗집의 밸브를 서둘러 잠그고 위층으로 올라가 현관문을 두드렸다. 나도 모르게 주먹에 힘이 너무 들어가 있는 걸 어렴풋이 느꼈다. 아무도 없었다. 아직 퇴근 시간이 아닌 걸 뒤늦게 알고 되돌아와 보니 물은 이젠 안방 천장에서도 떨어지고 있었다.

무슨 물일까 의문도 들었지만, 이렇게 무한정 쏟아지는 걸 보니 깨끗한 물이긴 한 것 같은데……. 삶아 빨아서 차곡차곡 개켜놓았던 수건들을 카펫 위에 헤쳐 적셔서, 세탁기에 넣어 탈수하기를 반복했다. 마침 버리려고 모아두었던 신문지도 질척이는 카펫 위에 흩어 놓고 자근자근 울화와 함께 밟기도 했다. 그러면서도 위층 사람들이 혹여 그냥 지나갈까봐, 바깥쪽을 향해 나발통 같이 귀를 열어놓고 조바심치며 자꾸 시계를 올려다본다. 위층에서 물이 샌 게 벌써 세 번째다. 물론 사람은 세 번 다 다르지만, 수도꼭지를 잘못 관리해서 엄청난 일을 초래해놓고, 두 집 모두 이사갈 때까지 나를 보면 고갤 못 들더니, 왜 오는 사람마다 이 사달을 만드는지 알 수가 없다. 오늘은 어디가 잘못된 건지. 그런저런 생각하는 동안에도 물은 넘쳐, 세탁기는 탈수하느라 계속 돌아가고 있다. 어느새 거실의 카펫이 거의 절반이 물에 젖었다.

"오기만 해봐라. 가만 두지 않을 거야."

그리곤 팔짱을 끼고 그들이 지나가지 않으면 안 되는 길목의 기둥에 서서 나는 홀로 분통을 터뜨리고 있었다. 해가 뉘엿뉘엿 넘어가는데, 앞집 베란다엔 어느 나라 국기 같은 넓은 줄무늬의 대형 타올과 함께 고무로 된 까만 잠수복이 매달려, 한가로이 넘어가는 해를 바라보고 있었다. 올여름 들어 벌써 몇 번째 널렸다 걷히기를 반복하고 있었다. 어느 강을 아니면 바닷속을 헤엄치며 물놀이 했을 까만 잠수복은 거꾸로 널려 만세를 부르고 있었다. 누구는 휴가로 물놀이를 몇 번씩 다녀오는데, 나는 쓰레받기로 화장실 타일 바닥에 고여 있는 물을 훑어 모으며 부글부글 끓고 있다.

마침내 그들이 왔다. 무심코 들어서는 그들을 가로 막고 상황을 보여주며, 시원치도 않은 영어가 오늘은 더 버벅대고 있었다. 당신네 집을 같이 가도 되겠냐 묻고, 그들을 앞세우고 윗집에 들어섰다. 세상에나 거실은 온통 물바다이고, 가운데 깔려 있는 부분 카펫 위엔 노트북이 열린 채, 찰랑이는 물속에 잠겨있어 젊은이가 기절할 듯이 뛰어 들어가, 노트북을 들어 올리는데, 물이 뚝뚝 떨어진다. 털이 긴 부분 카펫은 모를 심어놓은 논처럼 털이 물속에

서 한들거렸다. 여기저기 물이 샐 만한 요인을 찾아보는데, 육안으론 찾을 수가 없다. 보일러 물통을 두드려보니 빈 듯한 소리가 들려 '빨리 기술자를 부르라' 당부하며, 당신네들이 확실히 고치기 전엔 수도를 열어 줄 수 없음을 상기시키고 내려오는데, 좀 전과는 달리 안쓰러운 생각이 들며 어쩌지 하고 걱정까지 들었다.

얼마 후 집 앞에 보기 드문 차가 한 대 와서 위층으로 굵은 호스를 들이 밀더니 물을 빨아내고 있었다. 나는 물 뿌리는 소방차는 봤지만, 물을 빨아내는 차는 처음 보았다. 공구를 들고 남자들이 오르내리더니, 내가 추측한 대로 보일러 물통이 터져 교체하는 모양이다. 내가 왜 미안해야 하는지는 몰라도 괜히 미안한 마음에 화장실 쓸 일 있으면 써도 된다고 했지만, 남편은 "공원이나 쇼핑몰로 가면 갔지 오겠어?"라 말했다. 말을 듣고 보니 옳은 말인 것 같기도 했다. 쏟아지던 물이 다소 주춤하긴 하지만 아직도 군데군데에서 물은 떨어지고, 젖은 신문지와 어질러져 있는 수건들이 아직도 누수의 충격에서 벗어나지 못하고 있다.

보험회사 직원이 와보고, '목욕실 천장은 마른 다음에 페인팅해 주겠다.'라 말하고 돌아갔다. 하지만 그 말이 하나도 반갑지 않다. 전에도 칠해주었었는데 처삼촌 묘지 벌초하듯 여기저기 덧칠해놓은 흰색 페인트가 얼룩처럼 거슬려 별로 좋지 않았기 때문이다. 위층 난간엔 갓 심은 모처럼 물속에서 한들거리던 긴 털의 카펫이 널리고 바쁜 주말을 보내고, 물 빨아들이던 차가 임무 수행이 완료 되었는지 떠났다. 그리고 곧 위층 젊은이가 내려와 '수도를 열어 달라'고 미안해하며 눈을 피한다.

하긴 보일러 물통이 터진 건 불가항력으로, 그 사태를 맞은 그들의 잘못이라 할 수 없으니 속으로라도 부글대며 벼르던 내가 부끄러웠다. 조금만 참을 걸…….

수녀님 나의 수녀님

가을걷이도 끝나고 운동회도 다 지나간 방과 후의 시골 초등학교 운동장엔, 버석거리며 바람에 밀려다니던 낙엽들이 측백나무 울타리에 걸려 띠 모양으로 길게 쌓여 있었다. 여중 때부터 지금까지 단짝으로 보낸 친구가 재직하고 있는 학교 운동장은 스산한 가을바람 속에 널부러져 있고, 키 큰 미루나무 끝엔 빨간 노을이 깃발처럼 걸려 있었다.

얼마 남지 않은 내 결혼식에 피아노 반주를 부탁하러 먼 곳까지 내려온 길이었다. 잠깐만 양호실에서 기다리라더니, 빈 양호실에서 얼마나 오랜 시간이 지났을까? 사위가 어둑해지는데도 돌아오지 않는 친구를 이젠 '내가 찾으러 나갈까?'하고 생각하고 있는 참에 돌아 와서 "나, 곧 수녀원으로 들어가."라고 말했다.

정말 믿어 지지 않아 몇 번을 되물었다. 늘 정직하고 조용하며 잇속이 하얗고 얼굴을 잘 붉히는, 아주 생각이 맑고 건강한 친구였다. 어울릴 것 같지 않은 우리 둘이 단짝 친구가 된 것에 선생님들조차도 신기한 듯 보셨으니까……. 짧지만 너무도 단호한 그 한 마디에 화르르 무너지며 '저 친구가 저렇게 말할 땐 모든 게 이미 결정되어 있음'을 나는 너무 잘 알기에 한 마디도 되묻지 않고 정신 나간 것 같이 부스스 일어나 휘적휘적 온 길을 되곱쳐 나왔었다. 쏟아지는 눈물을 주체할 수 없어 서울까지 오면서 얼마나 울었는지 멋 내고 간 투피스의 앞자락이 블라우스와 함께 온통 젖었지만 소리 내어 울진 않았다.

그리곤 "그래, 인생이 꼭 한 길만 있는 건 아니니까, 나는 내 길에서 열심히, 너도 그 길에서 잘 살아 보렴." 가슴 속에서 치받히며 올라오는 오기 같은 그 무엇을, 하이힐 뒤꿈치로 꼭꼭 운동장에 새기 듯 자국을 남기며 곰곰이 생각해봤다. 저 친구는 그렇다 치고 재네 어머니와 식구들은 도대체 어떻게 허락을 했으며, 저렇게 엄청난 결심을 굳히기까진 결코 짧지 않은 시간이 필요했을 텐데, 그동안 나에겐 왜 알리지 않았을까……?

그 친구네는 아들 하나에 딸이 일곱이었다. 아버지는 초등학교 교장선생님이셨고, 유난히 선생님이 많은 가족이었다. 언니 둘을 포함해서 사위들까지도……. 나에게 늘 자상하게 대해주시던 아버지가 돌아가셨을 땐, 회사에 휴가를 낸 나에게도 피붙이 자격으로 상복까지 해 입히셨던 어머니마저 날 잊으셨단 말인가? 그 친구네 집은 T시에서 좀 떨어진 곳으로, 휘돌아 나가는 시냇물을 끼고 기차정거장이 제비집처럼 매날려 있는 곳이었다.

대합실도 변변찮은 그 역사(驛舍)를 난 참 좋아했었다. 철길 건너 바투 있는 앞산 바위틈에 봄이면 진달래 피고 철쭉도 따라 피

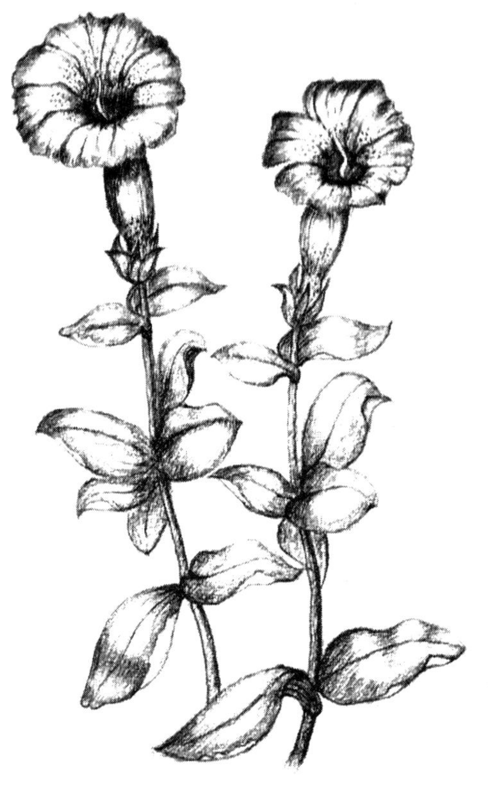

었었다. 겨울엔 하얗게 눈 덮인 모래벌이 그림 같고, 언 시냇물은 "쩡쩡" 갈라지는 소릴 내기도 하고……. 친구네 식구들은 언제 어떤 아이 몇 명이 가도, 그때그때 맞는 그러니까, 감자를 심은 골의 양옆 흙을 파내어 채 여물지 않은 감자를 삶아내기도 하고, 옥수수의 수염이, 미쳐 검어지기 전이라도 꺾어 삶아내기도 했었다.

'왜 왔느냐?' '언제 갈 거냐?' 묻지 않았다. 사실 살아오면서 뒤늦게 깨달은 거지만, 그런 일들이 그리 쉬운 일 만은 아니었을 텐데, 모든 가족이 어려움을 전혀 내색하지 않았다. 그래서 가끔 내 속이 시끄럽고 소위 개똥철학이 필요할 때에, 아무렇지도 않게 찾아가던 그곳에 어느 날 덩그렇게 피아노 한 대가 들어앉았다. 작은 집에 전혀 어울리진 않았지만, 식구들의 정서와는 잘 어울린다고 나는 생각했다. 하지만, 아마도 그날부터 피아노 밑에서 자야만 하는 식구 중 누군가가 분명있었을 게다. 그 시절엔 피아노 있는 집이 드물 때여서 누구의 발상이었는지 의문스럽긴 해도, 그 집 식구들이라면 그리 생경스러운 일도 아니라 생각했었다. 그렇게 따지고 보면 그 친구가 수녀가 된 것은 여러 정황으로 볼 때, '벌써 오래전 계획된 하느님의 뜻이 아니었을까?'라고 생각한 것은 섭섭한 마음이 녹아나와 내 귀밑머리가 희끗희끗해질 때쯤이었던 것 같다.

서로의 가는 길이 너무 달라 자연스레 소식이 두절되었고, 오래전 우리 식구는 이곳 뉴질랜드로 떠나오게 되었다. 그러던 어느 날 티브이에서 아주 잠깐 스쳐 지나가는 수녀복을 입은 그녀를 처음으로 보았다. 다큐멘터리로 써번트증후군이라던가……. 아픈 아이들이 천재성을 발휘하는 그런 프로에, 두 남자 아이들이 악기를 다루는 것을 지도하는 수녀님으로……. 나는 앉았다가 벌떡 일어나며 '역시'하고 응원을 보냈다. 먼 소식 통으로 청주 어딘가에서 아픈 아이들을 돌보는 시설의 원장님으로 재직 중이란 소식을 들었으면서도, 내가 살기에 바빠 "언젠 가는 만나지겠지"하는 막연한 그리움만으로 세월을 삭이고 있었다.

얼마 전 한국에서 우리 세 모녀가 모였다. 구십을 넘긴 어머니와 팔십을 넘긴 언니, 우린 산사 부근 콘도텔에서 아마도 이 세상 살면서 함께 할 수 있는 시간으론 마지막일지도 모르는 시간을 함께 했다. 좋은 날씨와 가을 정취가 물씬 니는 산사 부근엔 먹을 것도 많고 볼거리도 많았다. 명분은 편찮으신 어머니를 뵈러 왔지만, 기분 때문인지 어머니는 너무도 말짱 하셔서 함께 하는데 아무 무리가 없이 그저 행복해하셨다. 근처 도시의 재래시장에도 가고, 숯가마 찜질방과 온천도 가고, 여러 대통령들이 다녀가셨다는 한옥마을 국밥도 먹어보고……. 뉴질랜드의 이런저런 일들로 정말 어렵게 귀국한 나도 '오길 잘 했다' 생각이 들 정도로 정말 좋았다. 그리고 틈틈이 고교 동문들을 수소문해, 수녀님을 찾기 시작했다.

씨줄날줄을 엮듯이 찾아보던 중에 해외동창까지도 거의 전문가 수준(본인 얘기지만)으로 찾아준다는 전 동창회장을 만났다. 아직도 찢어진 청바지가 잘 어울리는 그 아이는 숲해설가로 아직 현역으로 일하고 있었고, 그의 재담은 개구쟁이이던 옛날처럼 좌중을 계속 웃게 만들었다. 숙소 부근에서 몇몇이 청국장을 먹으며 연락이 닿은 수녀님을 기다리고 있었다. 강원도 어딘가에서 '어느 노수녀님의 자리 비움으로 대신 일을 도와주고 있던 중이었노라'며, '늦어도 꼭 찾아오겠다'고 했단다.

점포 등불들이 하나 둘 꺼지기 시작한 캄캄한 길에서, 우린 금방 알아보았다. 물론 특별한 제복 때문이기도 하지만, 우린 달려가 끌어안고 울었다. 같이 온 언니와 동생들, 동창들과 또 다른 이들이 보든 말든 울었다. 바위에 치인 짐승처럼 끙끙대며 참았던 눈물을 쏟았다. 그 긴 세월은 어디 쯤 흘러가 쌓여 있는가? 한참을 그런 후, 나는 수녀님의 귀에 대고 조용히 말했다.

"독한 지지배."

어머니와 언니 셋이 함께 묵고 있던 숙소로 옮겨 양 가족의 쌓였던 얘길 풀어놓는다. 어머니는 벌써 돌아가셨고, '그날 운동장을

걸어 나가면서 어쩜 한 번도 뒤를 돌아보지 않더라.'며, 사십여 년 전의 일을 바로 엊그제 일처럼 심상하게 말했다. 수녀원에 들어가 생각해보니, 피아노 할부금을 다 못 갚고 왔더란 말엔 모두 웃고 말았다. 아버지 돌아가신 후 공허한 마음에 T시에 나갔다가, 쇼윈도에 진열되어 있는 피아노를 보고 즉흥적으로 배달을 부탁했다고 한다. 그 마음이 아려서 다시 뭉클했다.

그 시절 초등학교 선생님이던 그녀의 꿈에도 생각하지 않던 인생의 진로 바꿈으로, 식구들도 많이 힘들어했었던 것 같았다. 수녀님의 수첩엔 아직도 나의 이름이 중학교 때 별명인 '항아리'라 적혀 있었다. 이십대 때보다 더 건강하고 밝아보였다. 그동안 뉴질랜드에 온 적이 있었는데, 여기저기 찾아보았지만 못 찾고 돌아갔다 했다.

그리 애타게 찾았다는데, 나를 위한 기도인들 얼마나 절실했을까? 나는 여러 사람에게 나도 모르는 빚을 지고 살아가고 있음을 다시 한 번 느끼며, 바쁜 일정으로 다음을 약속했었는데…….

한국에서 돌아온 후 일주일을 탈진 상태로 호되게 앓았다. 같이 다녀온 가방 두 개도 갈무리 못 한 채……. 알뜰하게 보낸 여행이 전혀 후회는 없는데 앓고 있는 동안 수녀님이 메일을 보내왔다.

수녀원 주소를 올린 밑에 "네 피붙이 주소니라."라 쓰여 있었다.

지금 내 친구, 그 수녀님은 아름다운 항구도시에서 많은 은퇴 수녀님들의 머슴으로, 하느님께서 맡겨주신 소임을 다하고 있다.

하지만 나에겐 아직도 "독한 지지배"로 남아있다.

물 이야기

아주 오래 전 내가 초등학교 자연시간에 물에 대해서 공부할 때다. 물에는 단물과 센물이 있으며, 단물은 비누가 잘 풀리고 반대로 센물은 비누가 잘 녹지 않아 세탁에도 적당치 못하다는 것 등……, 물에 대해서 아주 기초적인 것들을 배울 때, 교실 한켠엔 모래와 자갈, 숯 등을 층층이 나누어 담아놓은 여과기가 있었다. 맨 위에 흙탕물을 부어놓으면, 그것들을 거쳐 아래에선 맑은 물이 똑똑 떨어지던 그 신기함이 지금도 잊혀지지 않는데, 수업 중에 깨끗한 물과 맑은 물 중, 어떤 물이 더 좋은가에 입씨름이 벌어졌다.

거의 반반씩 나뉜 아이들로 온통 난장판이 되어버린 교실, 무슨 말인지 잘 들리지도 않게 와글거리고, 쿵쾅쿵쾅 발을 구르기도 하던 아이들……. 그 소리들이 반세기도 훨씬 넘긴 지금도 귀에 들리는 듯한데, 팔짱을 낀 선생님께선 빙긋 웃음을 머금은 채 지켜만 보셨다. 그런데 어떻게 결과가 났었는지는 까맣게 생각나지 않

는다. 지금 생각하면 어떤 것도 하나만으론 정답이 될 수 없는 것 같다. 생물학적으로 안전하다 해도 보기에 맑지 못하다면 좋은 물일 수 없고, 반대로 아주 맑게 보여도 눈에 보이지 않는 세균이 있다면 그 또한 좋은 물이라 할 수 없지 않을까?

나는 오래 묵은 소금물 한 통을 가지고 있다. 처음 걸러 지니기 시작한지 족히 십년 가까이 된 듯하니 오래됐다 할 수 있겠다. 김치를 담글 때 배추를 절여낸 그 물은 결코 깨끗하지 못하다. 옅은 흙탕물에 가끔은 곤충이 죽어나오기도 하고, 달팽이가 떠있기도 한다. 그런 물을 체에 걸러 담아두면 결코 냉장 보관하지 않아도, 다음 김치 담글 때면 신기하게도 말갛게 가라앉아 있다. 그러니 아주 작은 어떤 입자는 그 세월 나와함께 살았다 해도 지나친 말은 아니지 싶다. 새파랗게 살아있던 배추를 절여 물기를 빼주곤, 자신은 다시 맑은 소금물로…….

몇 년 전 어느 목사님께서 설교하실 때, 염도가 4%정도의 바닷물은 흘러든 온갖 오물들을 받아들여 정화시키는데, 한국의 기독

교인 수는 통계상으로 훨씬 높은 백분율을 자랑하면서도 점점 흉폭해지고 늘어나는 사회 범죄가 되니 '과연 기독교인으로서 무관하다 할 수 있겠는가?'라고 일갈하셨을 때, 동감하면서 고개를 주억거렸던 기억이 난다. 물, 물은 그저 물일뿐인데 사람들은 깨끗하고 더러움으로 등급을 매긴다. 물은 녹아있는 소재에 따라 꿀물이 되기도 하고, 또는 흙탕물이나 소금물이 되기도 한다.

내가 물이라면 나는 어떤 물일까?

그 많은 세상의 물 중 먹을 수 있는 물은 겨우 1% 미만이라는데, 거기에 들기는 하는 걸까? 맑혀서 쓰임 받는 물, 작든 크든 이민생활에서의 버거운 짐을 지고 언덕을 오르는 목마른 이웃에게, 나는 단 한 모금의 물이라도 되어본 적이 있는가? 내 고뿔이 남의 열병보다 더 아프다 엄살 부리며, 내가 여의치 못하니 어쩔 수 없는 일이야 하고 수수방관하고 살고 있진 않는가?

하느님은 우리에게 빛과 소금이 되라 하신다. 생각해보면 빛이 되기는 어렵고, 소금이 되기도 쉽지 않을 것 같다. 그저 간간 짭쪼롬한 물이 되어서 내가 먼저 정화되어야 남도 맑힐 텐데, 나는 흐릿한 맹물이면서 남에겐 간간 짭쪼름한 잣대로 재고 있진 않는가? 부질없는 화두를 붙들고 사순절의 하룻밤을 설치고 있다.

해마다 사순절기간 중에는 물의 날이 들어있다. 한국의 녹색연합에선 열두 달 중에 3월을 물오름 달이라 정해놓았다. 달 이름이 예쁘기도 하고 절기상으로 뜻도 좋지만, 남반구인 이곳 뉴질랜드에서는 9월 달 이름인 '열매달'이 맞는 이름인 것 같다. 아무튼 물의 소중함이야 재론의 여지가 없지만, 그 중에서도 마중물이 되신 예수님을 기린 글이 있어 여기에 옮긴다. 지은이는 땅끝 해남에서 작은 교회를 섬기는 목사님이시며, 또 신도들이 배설해놓은 교회의 인분을 손수 퍼나르는 농부며, 또 수필가다.

마중물이 된 사람

우리 어릴 적 펌프질로 물 길어 먹을 때 '마중 물'이라고 있었다
한바가지 먼저 윗구멍에 붓고 부지런히 뿜어대면
그 물이 땅속 깊이 마중 나가 큰물을 데리고 왔다
마중물을 넣고 얼마간 뿜다보면
낭창하게 손에 느껴지는 물의 무게가 오졌다
누군가 먼저 슬픔의 마중물이 되어준 사람이 우리들 곁에 있다
누군가 먼저 슬픔의 무저갱으로 제 몸을 던져 모두를 구원한 사람이 있다
그가 먼저 굵은 눈물을 하염없이 흘렸기에
그가 먼저 감당할 수 없는 현실을 꿋꿋이 견뎠기에…

가난한 이들과 동고동락을 같이 하다가 끝내는 그들을 위해 목숨까지 내어준 예수,
그분의 고난을 기리는 사순절 동안에 님의 고마우신 삶을 묵상하면서…

– 임의진의 「어깨춤」 중에서

4부
골동품들

골동품들

며칠 전부터 냉장고 뒤쪽에서 물이 새기 시작하더니 멈추질 않는다. 이미 거실로 연결된 카펫이 젖더니 얼룩은 점점 늘어나고 있다. 모아놓았던 신문지를 두껍게 깔아놓고 젖는 대로 걷어내는데, 코드가 뽑혀지고 내용물을 비운 빈 냉장고는 눈치 없이 커서 처치하기조차 버거워 보인다. 냉장고도 늙으면 요실금이 오나?

이 냉장고는 이십여 년 전 이민 오자마자, 목사 사모님이 한국에서 가져온 냉장고를 선물 주다시피 싸게 줘서 받아쓰던 거였다. 쓰고 있는 동안 십여 년 전에도 지금과 똑같은 증세로 한국인 기술자를 부른 적이 있었다. 그분은 '아직도 이 모델이 살아있네'하고 깜짝 놀랐었다. 이 모델이 생산됐던 그 시절 한국에서는 가전제품을 만드는 유명한 세 회사가 비슷한 시기에 냉장고 출시를 했었는데 두 회사 제품은 오래 전부터 사라져 전혀 수리가 들어오지 않고, 내가 쓰고 있는 이 냉장고도 '몇 년 전 부터는 볼 수가 없었는데…….'하며 마치 골동품 보듯 앞뒤를 살핀다.

그 후로도 나는 십여 년을 더 썼으니 이젠 정말 골동품의 반열에 들지 않았을까 싶다. 요즘 사람들은 고장을 고쳐서 쓰기보단 곧바로 신형모델로 바꿔 쓰는 사람들도 있긴 하던데, 나는 옛날 사람이기도 하고, 요즘엔 일 년에 한 번씩 하던 노상 쓰레기처리 시스템을 시에서 운영하지 않기 때문에, 큰 물건을 사면 전에 쓰던 고장난 물건을 가져가는 조건으로 배달 받기도 할 정도로 쓰레기 나오는 게 걱정부터 되곤 한다.

고장나서 물이 샌다는 얘길 전해 듣고 내가 오래된 냉장고를 쓰는 걸 아는 이들은 하나 같이 '이젠 정말 바꿀 때가 된 거라'고 말들을 하는데, 아직도 소리는 좀 나지만 제 할 일을 충실히 하고 있잖은가? 그리고 '이 나이에 냉장고를 바꾸긴 뭘 바꿔', 나 스스로 살림할 날도 얼마 안 남은 것 같은데 그냥 저냥 쓰다 말지……. 그리고 비상 대체용으로 쓸 수 있는 김치냉장고도 하나 있으니……. 전에 출장 왔던 그이는 가만 보니 헤어드라이기를 더운 바람으로 돌려 냉장고 안쪽의 뒷벽을 녹여낸 후 물이 멈췄으니, 시간이 좀 걸리겠지만 난 좀 자연스레 녹기를 기다려보기로 했었는데 생각보단 오래 물이 멈추지 않고 나온다. 냉장고 안에 가득 차 있던 물이 다 쏟아져 나온다 해도 이렇게 많진 않을 텐데…….

집안에 누기가 차고 마음이 심란한데, 옆집 인도네시아 아저씨가 젖은 신문지가 계속 나오는 걸 보고 연유를 묻는다. 자초지종을 들은 그이는 자기가 좀 보면 안 되겠냐고 한다. 안되긴……. 들어오자마자 드라이버로 냉장고의 엉덩이에 있는 네모난 뚜껑을

떼어낸다. 그리곤 냉장고가 원인이 아니라고 한다. 들여다보니 정말 안쪽이 먼지만 앉은 채, 물기 하나 없이 보송보송하다. 그 댁과 우리 집은 방향만 정 반대지 집 구조가 똑 같으니 잘 알고 자기 집인 것처럼, 벽 하나 뒤에 있는 보일러실 문을 열어본다.

“에그머니나.” 마루를 깔아 올려 앉혀 놓은 커다란 온수통 밑이, 물이 퍼낼 정도로 흥건하다. 온수통과 연결되어 있는 밸브에서는 물이 계속 떨어지고 있었다. 그 물이 밖으로 배어나오면서 그리 되었는데, 애먼 냉장고만 의심하고 잘 알지도 못하면서 며칠을 고생만 했다. 늙은 두 내외가 살고 있고, 거기다 둘 다 기계치 수준으로 뭐가 고장나면 그냥저냥 참고 살든지, 아주 어쩔 수 없이 막다른 길목에 가서야 누구한테든 뒤 늦게 신세를 지는 편이다.

우리 집엔 몇 년 만 좀 버텨줬으면 하는 게 또 있다. 200,000Km를 육박하는 주행거리를 보유하고 있는 자동차가 바로 그것이다. 6개월마다 가는 정비소에선 좋은 차이긴 한데, 연식이 오래 된데다 너무 안 굴려서 차가 힘이 없단다. 6개월 간 달린 주행거리가 보기 드물게 적다 웃으며 설레설레 고갤 흔든다. 그럼 나는 ‘내 또래 할머니들이 어딜 그렇게 다니겠느냐?’며 ‘나는 갈 데가 없으니, 여기 직원으로 매일 출근시켜 줄 테냐?’는 말로 웃으며 얼버무리긴 했지만, 사실 차 운행은 정말 별로 하지 않는다. 집안에 환자도 있고 또 기껏해야 병원이나 장보기 정돈데, 요즘엔 장보기도 딸이나 아는 이들이 도와주기도 하기 때문이다. 사실 차는 없으면 좀 불편할 테고, 그렇다고 다시 고장이 나도 선뜻 사기도 쉽지 않을 것 같다. 얼마 전엔 배터리가 자꾸 퍼질러 앉아, 옆집 아저씨, 윗집 쎄미 아빠, 돌아가면서 점프 스타트로 도움 받다가 아예 새 배터리로 갈아준 뒤, 요즘은 몇 년 만 좀 버텨주라 하는 마음으로 열심히 다독이며 가끔씩 운행하고 있다. 이젠 방전되는 게 무서워 집에 세워놓을 땐 아예 배터리를 분리시켜 놓는다. 외출이라도 하려면 보닛을 열고 배터리를 연결시켜야만 한다.

골동품이 되어버린 냉장고와 자동차, 몇 년 만 버텨 줬으면 하는 목록에 슬그머니 나까지 얹어 놓고 조금은 염치없어 한다. 골동품 삼종 세트에 내가 낄 수 있다면, 원 플러스 원으로 남편을 내가 업고 들어갈 요량이다.

연식이 오래된 남편은 오래 전부터 많이 아프다.

내 딸 후뎅이

첫아이를 낳은 지 만 2년이 지나 둘째를 낳게 되었다. 첫째 때는 시어머님이 만 한 달을 정성을 다해 산후조리를 해주시더니, 힘이 드셨던지 2년 지난 지금 둘째아이는 못하겠다고 하신다. 서둘러 아주머니 한 분을 구해서 살림을 맡겼다. 아는 이들이 반 협박조로 조언을 한다. 노산이기 때문에 산후조리를 잘 못하면 큰일이 나고, 잘 하면 있던 병도 낫는다고……. 마침 때가 한겨울이고, 전과 달리 이번엔 아우 본 누나가 있기 때문이다.

남편 출근 후 아침나절 아주머니가 밑반찬과 함께 들통에 미역국을 그들먹하게 끓여놓고 가면, 하루 종일 갓난아기와 함께 세 식구만이 남는데 딸아이가 심심해서 몸부림을 친다. 산후 잠도 쏟아지고 오후가 되면 몸이 부어있고 무거웠다. 다행히 갓난쟁이는 순해서 손볼 일이 별로 없는데, 딸아이는 머리맡에 베개를 끌어안고 앉아 아기가 자변 저노 재워 달라며 꼬박꼬박 졸고 있다. 안쓰럽기도 하고 조금 힘들기도 한데, 그래도 집안에서 뭘 해달라고 조르는 건 견딜만한데, 예전에 자기가 쓰던 아기포대기를 질질 끌고 와서 업어달라고도 하고, 밖으로 나가자고 하는 데는 대책이 서지 않았다. 찬바람은 쌩쌩 불고 이젠 아이도 많이 커서 힘은 들지만, 목도리를 두르고 냉기를 방어할 수 있는 모든 방법을 다하고 밖으로 나간다. 지대가 높아 유난히 바람이 많이 불고, 눈이 와도 늦게까지 남아있었다. 나가봐야 갈 데도 없고 한겨울 아파트 단지는 삭막하기만 한데, 한군데 집에서 가까운 곳에 작은 구멍가게가 있었다. 나를 본 아주머니가 기겁을 한다. '산모가 어쩌려고 그러느냐'고……. 그 소리에 등 뒤에 업혀 있던 딸아이가 양손까지 포대기 속으로 쏘옥 집어넣으며 내 등에 얼굴을 묻는다.

"하이고, 행복해 죽네, 죽어. 근디 산모는 이러는 거 아녀." 아주머니는 불량식품 같은 까까 하나를 집어주며 "빨리 집에 가서 내려야 한다."고 등을 두드리며 달래듯 말하니, 그러마고 끄덕이는 딸아이의 기척이 등에 느껴졌는데, 집에 와 얼마 있다 보니 다 먹지도 않은 막대사탕이 소파에 붙어 있었다. 그 후로도 거의 매일 뭘 사달라고 졸랐다. 나는 메모지에 애가 달라는 걸 주면 내가 나가서 갚아 주겠다고 써서 손에 쥐어 보냈다. 다행히 아파트가 2층이어서 드나드는 건 스스로가 해결을 했다. 자주 그러다보니 아기 옆에 누웠다가도 손에 잡히는 대로 신문지의 글자 없는 구석자리를 찢든지, 아무데에나 아이가 원하는 걸 물어 보고 적어 손에 들려 보냈다. 훨씬 수월했다.

구멍가게 아줌마와 딸아이의 외상거래도 순조로운 것 같았다. 사가지고 와서 먹는 것들이 대부분 불량식품이어서 다소 염려스럽긴 해도 우선 몸이 편하니 좋았다. 며칠 후 출근하는 남편에게 부탁했다. 딸의 외상거래가 좀 있을 테니 퇴근할 때 갚아주고 오라

고……. 저녁에 돌아온 남편은 "아주머니가 당신하고 얘기하겠다던데, 얼마 안 된다고……." 그 후 딸아이의 군것질 투정도 줄어들고 겨울 추위는 눅은 듯싶다간 또 추워지고, 그 바람에 응달의 흰 눈은 까만 먼지를 얹은 채 얼고 녹기를 반복하곤 했다.

햇살이 화사하게 퍼지는 어느 날, 딸의 외상값을 해결하기 위해서 가게를 찾아갔다. 아주머니는 나를 보고 한참을 웃고 나더니, 선반에서 비닐 봉투 하나를 꺼내서 쏟아 놓는다. 종이 쓰레기 같기도 하고, 파쇄기로 분쇄해놓은 신문지 같기도 한데 쪼가리 종이마다, 끄적거려 놓은 글씨들이 있었다. 아랍 글씨 같기도 하 러시아 글 같기도 하고, 지렁이 운동법을 그려놓은 것 같기도 한데……. "그게 그대 딸의 외상 장부여."하며 아주머니는 다시 웃기 시작했다. 가격이 없는 외상장부를 보며, 어쩔 줄 몰라 하는 나를 건너다보던 아주머니는, 거의 매일 그려오는 단골손님의 수표를 보며 한동안 재미있었노라 말하며 돈은 됐다 손사래를 친다. 후뎅이는 가만 보니 엄마가 종이때기에 뭘 끼적여 들려주면 가게 아주머니가 자기가 먹고 싶은 걸 맘대로 골라 먹게 해주니 날마다 자기 스스로 뭐라 써서 들고 갔었나 보다. 어쩐지 언제부턴지 뭘 사달라 조르지는 않는데, 집 치우다 보면 여기저기 먹다만 불량식품들이 눈에 띄곤 했었다. 나는 딸의 영특함에 좀 놀라기도 하고, 그리되도록 만든 내가 좀 부끄럽기도 했었다. 부모는 아이들의 거울인 게다.

딸도 이젠 불혹을 넘기고, 딸이 낳은 남매도 예쁘게 잘 자라고 있다. 내가 보기엔 아무 일도 아닌 것을 가지고 속상해하기도 하고 이쁜 짓을 할 때는 넘치게 자랑도 하는데, 그때마다 "너도 그랬어."라는 말이 입 안에서 맴돌지만 꾹 깨물어 삼키며 그냥 웃고 만다. 그리곤 잠깐씩 사십여 년 전으로 돌아간 것 같은 착각 속에 있는, 나를 보기도 한다. 물리적으로 힘들었던 것 같은 지난 일도 돌이켜보면 그때가 그리워지는 건 무슨 일일까. 잠시도 엄마 없으면 못 살 것 같이 찾아대는 아이들과 젊고 든든한 남편, 아마도 내 인생의 황금기가 그때였지 않을까 싶다.

아이들이 크는 걸 보면 노인들이 덜 늙는 것 같다. 모든 게 얼마 전인 것 같은데 뒤돌아보면 까마득해서 헛웃음만 나온다.

그 아이가 낳은 딸이 올해 고등학생이 되었다.

큰형님

나에겐 두 분의 시누님이 계시다. 아니 계셨었다. 얼마 전 큰형님이 돌아가셨기 때문이다. 지난 가을 10여 년 만에 서울을 방문했을 때, 이미 6년째 노인 병원에 입원하고 계신 병원에 문병을 갔었다. 같은 방엔 똑같은 환자복을 입은 안노인들이 삭발한지 한참 된 듯 하얀 머리가 많이 자라있었고, 눈길은 초점 없이 허공 어디쯤에 매달려 있었다. 전혀 날 알아보지 못 하는 것 같아 앙상한 손을 꼭 붙들고 많이 울었다. 그래도 마주 쥔 손에 힘이 들어 있다고 말하니, 우울한 얼굴로 지켜보고 있던 조카딸은 그러면 엄마가 알아보시는 거라 했다. 하지만 난 흔쾌히 믿어지진 않았다. 형님은 동생인 남편을 아들같이 사랑하셨었다. 덕분에 원플러스 원으로 나까지 사랑받았었는데…….

시댁은 실향민이다. 평안북도 선천이 고향인데, 1.4후퇴 때 월남하셨다. 시댁 작은 집 식구들과 또 누구누구해서 열여섯 명이 한꺼번에 넘어왔다는데, 살고 있던 집이며 세간들을 그대로 두고 몸만 빠져나왔다고 했다. 충청도 토박이인 나는 결혼 초엔 이북 말을 잘 못 알아들어 놀림을 받기도 했었다.

어머님이 "네레 이 말이 무슨 말인지 알갔네?" 묻기도 하고, 무슨 단어를 아느냐 물어보시기도 하며, 나름 나를 놀리는 걸 재밌어 하시는 것 같았다. 애경사엔 많은 친척들이 모이길 즐기며, 음식을 엄청 많이 하고……. 한 예로 옥수수가 나오는 철이면 아예 시장에서 두 포대씩 사다 한꺼번에 푹 삶아 나누어먹기도 하고 모이면 억양 때문인지 좀 시끄러웠던 기억도 난다. 그런 때엔 늘 큰 형님의 진두지휘 아래서 움직이는데 일머리가 빠르고 지나고 보면 늘 옳았다.

연탄불로 난방도 하고 밥도 찬도 만들어야 하는 시절에 신접살림을 차렸다. 남편과 둘이 살 때에는 연탄불로 그냥 저냥 해결을 했는데, 첫 아이가 태어나면서 불 씀씀이가 많아지고 불을 급하게 써야 만하는 일이 종종 생겼다. 그런데 그 즈음엔 왜 그렇게 아궁이 속에서 연탄이 깨지는지 국자로 국을 뜨는 일보다 연탄재를 퍼내는 도구로 쓰는 일이 더 자주 생겼다. 불이 붙어 있는 연탄도 하얗게 타버린 재도 집게에 물려 나오다가 힘없이 부서졌다. 뜨겁고 먼지도 많이 날리고……. 그런 후엔 번개탄으로 새 연탄에 다시 불을 붙여야 하는데, 검은 연기도 피어오르고 매캐한 독한 가스 냄새로 숨이 턱턱 막혔다. 내가 서툴러서 자꾸 깨트리나 하고 자책도 해 봤었는데, 나중에 언론을 통해 안 일이지만 그즈음 찍혀 나온 대부분의 연탄들이 여물지 못해 말썽을 일으켰다고 보도되곤 했었다.

그날도 한차례 국자로 연탄재를 퍼내고 난 저녁이었다. 퇴근해 돌아온 남편에게 석유곤로를 사야겠다고 예사롭게 말했는데, 넥타이 풀어내던 남편이 잠시 생각하더니 큰 누나에게 물어본 후 하라고 말한다. 잠시 뜨악해있던 나는 화가 나서 퍼부었다. '이 나이에 석유곤로 하나 사는데 형님께 허락받아야 한단 말이냐.'고……. 요즘말로 시집이 싫어 시자 들어가는 시금치도 안 먹는다는 그런 정서는 절대로 아니었는데도 울컥하고 치밀어 올라오는 그 무엇이 있었다. 아무튼 결혼해서 처음 한 부부싸움이었다. 뾰루퉁해 있는 나에게 남편은 당연한 일을 가지고 그런다는 식으로 아무렇지도 않은 듯, 그냥 두어도 잘 놀고 있는 딸아이만 어르고 있었는데, 내 느낌으론 약간의 눈치는 보는 것 같았다.

살면서 자주 느꼈던 건 시부모님을 비롯해서 네 동생들을 아우르는 막강한 힘의 원천은 큰형님인 걸 확실하게 알게 되었고, 동생들도 당연스레 복종하며 따르는 분위기였었다. 형님은 매사 이성적으로 해결하고 감성적으로 보듬어 안았다. 그리고 애경사엔 깜짝 놀랄 정도로 후하게 베풀었다. 그렇다고 생활이 엄청 윤택한 것도 아닌 그저 평범한 대한민국 중산층의 가정주부이었지만 우두커니 손을 쉬며 놀지 않고 늘 부지런한 형님이 나는 존경스러웠었다. 어디에서 일거릴 찾아오는지 인형 눈알도 붙이고 봉투도 붙이지만, 결코 안달하지도 기죽지도 않고, 항상 유머러스해서 주변을 즐겁게 했었다. 속칭 말하는 생활력 강한 전형적인 이북내기라고나 할까?

준비해간 봉투를 슬그머니 형님의 베게 밑에 넣어두고 돌아 나오는 마음이 착잡했다. 언제 다시 뵐 수 있을까? 나하고 딱 십년 차이인데, 십년 후의 나의 모습은 과연 어떤 모습일까? 나오는 길에 열려 있는 옆 병실을 보니 그 방엔 엄청 많은 남자 노인들이 가운데 통로 쪽으로 머리를 두고 두 줄로 주욱 누워있었다. 백세시대, 높아진 평균 수명, 많은 걸 생각하게 하는 병문안이었다. 쌈쌈하듯 핸드백에 억지로 넣어주는 조카딸의 하얀 봉투를 집에 와서 열어보니, 내가 형님의 베게 밑에 넣어두고 온 액수와 똑 같은 액수의 돈이 들어 있었다.

나는 겨울비 내리는 이곳 뉴질랜드에서 조카들이 보내온 장례 동영상을 남편과 함께 보며, 형님과의 이별의식을 치렀다.

그리곤 사십여 년 전 기어이 형님께 물어보지 않고, 전리품 쟁취하듯 내 맘대로 샀던 핑크색 네모난 석유곤로를 떠올리고 있는 나를 보고 있다. 이젠 형님도 아실까? 내가 저지른 부끄러운 의문의 일패를…….

아! 18,000원짜리 석유곤로.

불면증

내리쬐는 태양 아래 논물은 끓는 듯 뜨겁고, 심겨져 있는 벼포기들이 설익은 낱알들을 감아 안고 한여름을 견디어내고 있다. 농부의 하루는 바쁘기만 한데, 긴 낮의 길이에 밀려 짧아진 밤은 고단한 농부의 밤잠을 감질나게 한다. 밤이 되어도 식지 않는 더위로 금방 등목을 하고난 몸이 어느새 땀으로 번들거리는데 타는 쑥향 사이사이로 모기들이 달려든다. 설핏 잠든 듯하던 농부는 습관처럼 철석철석 손바닥으로 때려 모기를 쫓지만, 끝내는 몰려오는 잠을 이기지 못하고 잠에 떨어진다. 모여 앉았던 이들도 하나 둘 자기 집으로 돌아가고, 모깃불도 사위어 가는데 쏟아질듯 은하수가, 고요한 밤하늘을 지키고 있었다.

어제 저녁에 뜬 회색달이 채 지기도 전에 붉게 퍼지는 동녘의 여명이, 오늘도 만만치 않게 뜨거운 하루가 될 것 같다. 햇살이 퍼지기 전에 어제 끝을 못낸 밭길이를 나가야 되니 어미는 새벽에 일어나 개다리소반에 고봉밥 얹어, 머리맡에 들이밀며 젊은 농부

를 깨운다. 몇 번을 흔들어 깨우니 게으른 하품을 하며 일어난 농부가 "자리 깔구 자자구?"라 말했단다.

학창시절 체육시간이 오전에 들어 있는 날, 점심 도시락을 먹고 난 나른한 오후는 견디기 힘든 졸음과의 전쟁이기 쉽다. 특별히 좋아하는 과목이든지 선생님이 재미있으시든지 아니면 분필을 집어 던지고 소릴 질러 무섭든지 하지 않으면, 졸음이란 녀석은 맹공을 퍼붓는다. 그럼 결국엔 머리를 끄덕이며 졸기도 하고, 책을 방패삼아 눈속임으로 꾀를 부려보기도 한다. 나는 국어 시간을 좋아하기도 하고 선생님도 좋아했었는데, 드르륵 문 열고 들어오시는 선생님 얼굴을 뵌 거 같은데 어수선한 소리에 눈떠 보니 수업이 끝나고 선생님이 나가고 계셨다. 정말 잠깐이었던 것 같은데 내 기억 속에선 사라져버린 한 시간이었다. 얼마 후, 교무실에서 사적으로 만난 국어 선생님 "너 아주 자알 자더라, 아주 꿈까지 꾸는 것 같던데……." 옆에 계시던 선생님들이 한마디씩 거들며 놀려댔다. 나는 왜 교무실을 갔는지 잊고 도망치듯 돌아왔다. 정말 보시고 하는 말씀인지 아니면 놀려 먹기 위해 하시는 소린지, 교실에 돌아오자 선생님이 내려다보시던 자리에 서보니 내가 자고 있던 모습을 보신 게 확실했다. 왜냐하면 내 자리는 맨 앞줄 교탁 바로 앞 자리였으니……. 등잔 밑이 어둡다는 말은 어디든 적용되는 건 아니라는 걸 알았다.

그렇게 달던 잠은 다 어디로 가고, 주치의의 처방전을 받아 몇 년째 수면유도제를 먹어야만 잠을 잔다. 이번에 가선 약효가 떨어져 잘 안 들으니 단위를 좀 높여달라고 해야겠다는 생각을 했는데, 젊은 인도인 주치의는 미리 알고 있었던 것 같이 아주 애교스럽게 웃으며, 지금부턴 약을 반 알씩만 먹었으면 좋겠단다. 거짓말 하려다 들킨 아이처럼 아무 말도 못하고 돌아왔다.

내 안엔 또 다른 내가 있다. 잠을 자려고 애쓰는 나와 잠을 안 자려고 버팅기는 또 다른 나……. 안 자려고 버팅기는 내가 이기는 걸 우리는 불면증이라 하는 것 같다. 잠은 타의에 의해서 못 이루면 대단한 형벌이 되기도 하지만, 옛날 유럽의 기사들은 '자고 있는 사람은 적이라도 베지 않는다.'는 룰이 있었다 하니, 기사의 자긍심을 표현하는 말일 것이다. 억지로 잠을 자보려 애를 쓰다보면 무지근하게 두통이 오기도 하고, 의도치 않은 옛날의 일들이 어제 일처럼 마치 쇠스랑에 찍혀 올라오는 뿌리채소처럼 뭉텅뭉텅 떠올라, 결국 부스스 머리에 새집을 지은 채 일어나 껐던 불도 다시 켜고 티브이에도 불을 올린다.

오지탐험을 주로 하는 내가 좋아하는 작가는 언젠가 인터뷰에서 '이틀에 한 번씩 잔다.'고 하던데, 그러고도 생활에 지장이 없이 오지탐험까지 한다니, '몇 시에 자고 몇 시에 일어나야만 한다는 이론은 사람에 따라서 다른가?'하고 생각해본다.

피조아 네 알

아침 일찍 빗자루를 들고 현관문을 여니, 문지방에 굵직한 피조아 네 알이 나란히 놓여 있었다. 여기 타운하우스는 아이들이 없어 누가 장난칠 리도 없는데, 생경스러운 모양에 고개를 갸웃하고 서 있는 나를 저만큼 안방 침대에 누워 보고 있던 남편이, 단번에 알아보고 "간지스가 왔다 갔구만."라 한다. 간지스 씨는 남편의 인도인 친구다. 그이는 가네스로 시작해서 긴 이름이 있는데, 그냥 줄여서 그렇게 부른다. 물론 우리 식구들끼리지만, 인도엔 간지스라는 많이 들어 아는 강 이름도 있고 해서……. 간지스 씨는 이십 년 전 심장이식수술을 받고, 아직도 정기적으로 정해진 날짜에 종합병원을 찾아야 되는 중환자다. 언제나 걸음을 느릿느릿 걷는 그이는 공원 안에 있는 럭비구장 크기의 잔디운동장을, 늙은 목련 나무 밑 벤치에서 한번 쉬고 가다가 단풍나무 아래 벤치에서 또 한 번 두 번은 쉬어야 한 바퀴 돌 수 있는 중환자다. 환자이기도 하지만 원래의 성품도 좀 느긋한 것 같기도 하다. 그때는 무척

건강했던 내 남편과 공원에서 만나 친구가 되었는데, 남편은 늘 그의 동선에 보폭을 맞추어주고 약속대로 내가 공원 가장자리를 두 바퀴 도는 것을 끝낸 뒤에도 집에 갈 생각은 않고 피조아나무

밑에 있는 야외용 나무탁자에 마주 앉아서, 주운 피조아를 이로 긁어먹으며, 클클클 수다를 떨곤 했었다. 피조아는 먹을수록 부피가 더 많아져 두 사람 옆엔 패총처럼 껍질이 수북하게 쌓여있었다.

그 공원엔 두 그루의 피조아나무가 있다. 하나는 럭비구장 가장자리에 또 한 그루는 바위 둔덕 위에 있는데 두 나무 다 해마다 이맘때면 엄청 많은 피조아가 열리고 또 떨어져 있었다. 산책이 끝나고 돌아오는 길, 주머니마다 피조아를 주워 담아 울퉁불퉁한 채로 나란히 걸으면 "으이구"하는 표정으로 쳐다보던 남편도, 집에 와서 소쿠리에 주섬주섬 꺼내놓으면 나보다 더 잘 먹곤 했었다. 그런데 얼마 전부터 남편의 병환으로 아예 공원산책이 어려워졌다. 나 혼자도 가긴 하는데 자주 가진 못한다. 가끔 먼발치에서 보면 고개를 떨구고 혼자 천천히 산책하는 간지스 씨의 모습이 안쓰럽고 쓸쓸하게 보일 때도 있었다. 만나면 잠깐씩 벤치에 앉아 남편에 대한 안부와 이런 저런 말을 나누기도 하고……. 아마도 오늘 아침은 오다보니 너무 일렀는지 바로 돌아 가야하는 무슨 이유가 있는 것 같다. 그러기에 다녀간다는 표적만 남기고 돌아간 것 같은데 물어 보기 전엔 알 수 없는 일이었다.

어느 해 여름, 간지스 씨 가족 모두가 고향인 인도엘 다녀온 적이 있었다. 다녀와서 남편에게 '미스터 킴이 보고 싶어 울었노라' 하더란다. 그땐 우리 식구 모두는 "에이 설마."하며 야유 비슷한 말로 믿지 않았었는데, 그 우정이 이렇게 길고 도탑게 이어질지는 아무도 몰랐다. 한동안 못 보면 누가 먼저랄 것 없이 전화로 안부를 주고받고, 또 찾아온다. 꼭 오래 묵은 고향친구 같다. 이른 아침 내가 파자마바람으로 있을 때에도 망설이지 않고 얼른 문부터 열어주고 보는, 남으로서는 유일한 사람이다. 문을 열고 보면 신발을 가지런히 옆에 벗어놓고 양말만 신은 채 차려 자세로 발판 위에 서 있었다. 그 모습이 꼭 말 잘 듣는 초등학생 같아 볼 때마다 웃음이 나왔다. 오랫동안 알고 지내다 보니 '남편이 보고 싶어 울었노라'는 그의 말도 정말이었을 것 같은 신뢰가 생겼다.

연세가 많아도 체격이 크고 당당한데, 노출 되어있는 목과 팔엔 거의 머리카락 같은 긴 털들이 수북하다. 먹고 있는 심장병약 부작용 때문이라고 묻지도 않았는데 친절하게 설명까지 하는 걸 보면, 우리가 궁금하게 생각할거란 걸 알아차렸기 때문이다.

간지스 씨는 열여섯 살에 이민 와서 목수 일을 배우고, 그 일을 직업으로 평생을 산 사람이다. 인상이 선해 보이고 서두르지 않고 늘 느긋하다. 오십대에 심장병이 발병했다. 여러 방법으로 치료를 받아오다가 종당엔 이식수술밖엔 방법이 없어 몇 년 동안 기증자를 대기 중이었는데, 바로 앞 순서였던 사람이 갑자기 남섬으로 떠난 직후 증여자가 발생해, 떠난 그이 대신 그 심장을 기증받아 이십년 가까이를 덤으로 살고 있다. 그 당시 심장을 남기고 세상을 떠난 사람 마흔 살의 유럽 여자로 체구가 작았다고 한다. 그래서 받은 심장의 용량이 부족해 늘 움직임에 제약을 받는다고 한다. 사람이 살고 죽음은 참으로 경이로워서 어떨 땐 너무 허무하기도 하고, 때론 질기기도 한 것 같다. 유럽 여자는 어찌하다 세상을 버렸으며, 기다리다 남섬으로 떠난 이는 그 후 어찌됐을까?

간지스 씨는 정기적으로 검진을 받으러간다고 하지만 '어쩌면 연구 자료로 기여하는 건 아닐까'하는 생각이 들기도 한다. 뉴질랜드 첫 심장이식수술이었다니…….

그래도 간지스 씨는 요즘도 소형차를 몰고 다니며 느리지만, 은행일도 보고 프리마켓에서 과일이며 채소를 사 나르기도 하고 가끔 우리 집엘 들른다. 늘 빈손으로 오지 않고 요즘처럼 피조아 철일 땐, 피조아나 귤 사과 등 몇 개의 과일을 비닐봉지에 담아 한 손으론 밑을 받쳐 들고 온다. 새벽 프리마켓에선 거의 집에서 재배한 채소라든지 과일들을 갖고 나와 파는데, 그러다 보니 값이 싼 만큼 품질은 좀 떨어져 남의 집을 방문하면서 인사로 사들고 오기엔 좀 머뭇거리게 한다. 그런데 간지스 씨는 그중에서도 싼 걸 골라 사오는 것 같지만, 그의 절약하는 모습이라든가 품성을 알고부터는 그저 고마운 마음으로 받아 아껴서 먹는다.

수면제를 먹고도 밤잠을 잘 못 이루는 간지스 씨는 밤새워 본 티브이 뉴스 등 미묘한 남북문제까지도 잘 알고 촌평도 아끼지 않는다. 그이는 나를 힘들게 하지 않으려고 차 한 잔도 들지 않고, 또 오래 있지도 않는다. 처음엔 옥신각신하면서 과일이며 차를 대접하려 했었는데, 완강한 그에겐 이젠 그러려니 하고, 차도 마시지 않은 맨입으로 보내도 아무렇지도 않다. 배웅하러 밖에 따라 나가면 미세스 킴이 수고가 많다고 가볍게 어깨를 토닥이며, 남편에겐 직접 묻지 못했던 병세를 나에게 묻고 무너지듯 어두운 얼굴로 위로한다. 그럴 때는 마치 친정아버지 같아 어리광처럼 눈시울이 뜨거워지기도 한다.

나도 "당신의 무릎은 좀 어떠냐? 처방전 바꾼 수면제는 잘 듣느냐?" 서로 묻는다. 그럴 때마다, 그이는 "아이 돈 마인드, 아이 돈 마인드" 손사래를 치며 입버릇처럼 말한다. 남편보다 서너 살 위인 간지스 씨는 자기는 괜찮으니 미스터 킴을 잘 부탁한다는 당부의 말을 잊지 않고 돌아간다.

지난번엔 방에서 남편과 얘기하다 말고 나를 데리고 밖으로 나가더니, 승용차 안에서 기다리고 있던 자기 아내를 소개한다. "같이 들어오셔도 되는데." 한국말로 혼잣말로 하고 인도식으로 두 손 바닥을 모은 채, 주워들어 외운 '나마스떼'를 연거푸 말하곤 같이 웃었다. 곁에 서 있던 간지스 씨가 따라 웃는다. '나마스떼'가 그녀와 나를 금방 가깝게 했다. 가무잡잡하고 조막만한 얼굴에 사리를 입은 상노인이었다. 얼마 전까지만 해도 어린이병원의 지원을 위해 운영되는 구세군 중고품점에서 봉사를 한다기에 웬만큼 건강한 줄 알았는데, 사리로 가려진 가녀린 몸매가 걸음이나 제대로 걸을지 의심들 정도였다. 아마도 간지스 씨가 부인을 차에 앉혀 놓고 혼자 들어온 것은 기저귀만 차고 있는 내 남편에 대한 그 나름의 배려였지 싶다.

“아이 돈 마인드.” 남의 심장을 가슴에 품은 간지스 씨는 정말 모든 일에 초연한 삶을 살고 있는 걸까? 남편은 한국이나 미국 등지에 좋은 친구 분들이 많이 있지만, 전화로만 서로의 안부를 묻고 전한다. 남편 연배의 사람들이 대부분 그렇듯 사회 현장에선 물러나 있고, 건강도 좋지 않은 이들이 대부분인 것 같다. 며칠 전 받은 남편 친구 분의 편지에도 ‘누구는 어디가 아프고, 누구는 눈이 잘 안보이고, 또 누구는 부인이 어지럼증이 있어 수시로 병원을 들락거린다’는 소식엔 헛웃음까지 나왔다. 나도 이석증이란 병명으로 응급실 다녀온 지 얼마 되지 않았기 때문이다. 며칠 동안 이었지만, 심한 멀미 증상처럼 하늘과 바닥이 중심도 없이 돌고, 구토로 탈수 증세까지 있어 이렇게 살려면 차라리 죽는 게 더 나을 것 같다는 생각까지 들었었는데, 치료 받고 퇴원해 주변 얘길 들어보니 꽤 많은 이들이 경험을 했다고 한다.

이십여 년 전 막무가내로 오기 싫다는 남편을 설득하고 사정하느라, 매일 저녁 좋아하지도 않는 술상을 차려 대령하고, 남편은 남편대로 울기도 하면서 저항했었지만 다수결로 아이들까지 찬성하니 어쩔 수 없어, 영주권의 실효기간을 얼마 남기지 않고 끌려오다시피 해서 이민 와 살게 되었다. 오래 살다 보니 이제야 이 나라의 좋은 점들을 경험하고 요즘에 와서야 농담처럼 여기가 노인 천국이란말도 가끔 했었는데, 막상 우환이 생기니 외로운 모양이다. 서울에 있으면 수시로 친구 분들 문병도 받을 텐데……. 얼마 전에 관광차 왔던 친구 분이 겸사겸사 남편을 찾아주기도 했었지만, 누구든 쉽게 올만한 거리는 아니기 때문에 간지스 씨처럼 얼굴을 마주할 수 있는 친구가 귀하고 고마울 뿐이다.

남편의 병세가 좋아질 기미가 보이지 않아 걱정이다. 긴 시간동안 그렇게 지내다 보니 누구에게서든 전화가 오면 컨디션이 좋을 때는 바꿔주지만 대부분의 전화는 중간에서 조절을 한다. 지금 막 잠이 들었다든지, 햇볕 쐬러 앞에 잠깐 나갔다든지……. 그래서 시댁 식구들조차 남편의 상태를 정확하게 모른다. 하긴 나도 이랬다저랬다 하는 병세의 하루 앞을 예측할 수 없다.

어느 날, 나도 잘 아는 남편의 어릴 적 께복쟁이친구에게서 국제 전화가 걸려왔다. 먼저 전화를 받은 나에게 상세하게 남편의 병세를 묻는다. 마침 남편이 깜박 깊은 잠에 빠져있었고 생각해보니 모두에게 좋게만 전할 게 아니라, 그래도 아주 친했던 친구 분 하나쯤은 정확한 상황을 알고 있는 것도 나쁘지 않겠다 싶어, 남에게 말하지 않고 나만 알고 있던 병세들을 얘기했다. 어눌해진 말투와 근육의 이완으로 움직임이 용이하지 않은 남편을 언제까지 집에서 간병할 수 있을지 모르며, 또 잘 되어있는 이 나라의 복지를 아는 대로 전했다. 몇 년 전부터 우리 부부의 주치의는 '그러다가 당신까지 쓰러진다.'는 소견에 '언젠가는 남편도 주치의가 권하는 레스트홈을 이용해야 되지 않을까 생각한다.'고 조근조근 설명했더니, 갑자기 전화가 끊긴 듯 조용하더니, "보내고 뭐하시게요?"라며 볼멘소리를 한다. 그 소리가 그렇게 섭섭할 수가 없었다.

그 후로 그 친구 분은 삐졌는지 전화가 없다. 그분도 속상하고 안쓰러워서 그랬을 게다. 하지만 레스트홈으로 가게 되어도, 하기에 따라선 집에서보다 더 바쁠 수도 있는데…….

문밖에서 인기척이 난다. 밖엔 두 달에 한 번씩 배달되는 남편이 쓰는 기저귀 두 상자가 포개어 놓여있었다. 배달원은 문 열고 내다보는 나를 돌아보지도 않고 등 뒤로 손을 크게 흔든 후, 시동이 그대로 걸려 있던 차를 타고 떠나간다. 벌써 2년 넘게 이렇게 지내고 있다.

간지스 씨가 아침 일찍 방문했다. 올해도 '피조아가 많이 열려있더라' 말하며 호주머니에서 주섬주섬 꺼내놓는다. 굵은 것만 골라 주워온 듯 알이 제법 굵다. 아마도 혼자 공원을 돌고 온 듯싶었다. '떨어져 있는 피조아만 보고도 미세스 킴이 왔었나, 안 왔었나 안다'며 웃는다. 요즘엔 나보다 부지런한 사람들이 새벽에 자루까지 가져와서 싹쓸이 해가고 있는 걸 모르고 있다. 모든 게 내가 가기 전에 이루어지기 때문에 요즘엔 기대하지도 않는다. 가끔 공원에서 만나는 키위 할머니는 내가 주워 담아주는 피조아 봉투를 받아들고 고맙다는 인사를 허그로 대신하곤 했었는데, 요즘도 나오시는지 궁금해도 시간차로 뵙지 못한지 여러 달이 되었다. 십년 전 남편이 처음으로 주치의에게서 병명을 받아들고 오던 날도 피조아 철이었었다.

어영부영 피조아 철이 지나가고 있는 것 같다.

경적

좀 늦은 시간 외출에서 돌아와 보니 내가 주차해야 할 자리에 모르는 차가 주차돼 있었다. 다행히 운전석에 사람이 앉아 있는 게 보였다. 나는 차에서 내려 세워져 있는 차의 창문을 똑똑 두드리자 금방 알아차리고 미안하다며 차를 뺀다. 이 타운하우스에 사는 이는 아닌 것 같다. 얼굴이 낯설다. 그리고 이 동네 살고 있는 이들은 자기의 주차자리를 잘 지키고, 여간해선 남의 자리에 차를 세우지 않기 때문이다. 차가 빠진 뒤 내 차로 돌아와 운전석에 앉자 동행했던 친구가 의아해하며 묻는다.

"아니, 클랙슨을 누르면 될 걸? 비까지 오는데……."

나에겐 누구도 모르는 고집이 있다. 삼십여 년 전 운전면허를 취득한 후, 서울에선 대중교통 시설이 잘 되어 있어 손수 운전을 하지 않아도 불편을 모르고 살았다. 운전할 일이 별로 없으니 거의 장롱면허 수준으로 지냈지만, 이곳 뉴질랜드는 차는 신발처럼 없어서는 나다니기가 쉽지 않다. 그러니 대부분의 운전경력은 이민 온 후 누적된 세월이긴 하다. 서울보단 훨씬 도로사정이 한가롭기도 하고 서울에 비하면 서두르는 것도 훨씬 느긋해서, 기다려주기도 잘 하고 끼워주는 것도 자연스럽다. 그래서 그렇긴 하지만, 나는 아직도 한 번도 경적을 울려본 적이 없다. 도로에서 경적을 거의 들을 수가 없으니 나만 그렇게 하는 건 아닌 것 같고, 정복을 입은 교통경찰도 보기 힘들다.

무슨 일이든 1만 시간만 끊이지 않고 노력하면 성공한다는데, 젊어서부터 무엇이든 배우고 싶은 건 많은데 지구력이 부족하고, 늘 빨리 잘 해보고 싶은 마음이 앞섰기 때문에 실패도 많았다. 피아노는 기초만 겨우 쳤는데 도무지 악보가 외워지지 않았는데 선생님이 째즈피아노를 쳐보는 게 어떠냐는 유혹의 말에 한 곡만, 한 곡만 온전히 쳐봤으면 해서 시도는 해봤는데, 겉멋만 들어서 실패했다. 붓글씨는 그림 같은 한글 궁체에 매료되어서 한동안 빠지기도 했었다. 기타는 손가락이 너무 아파서 그만 두기도 하고, 아무튼 그 외에도 많이 있다. 참을성이 없기도 했지만 꼭 해야 된다는 절실함이 없었기 때문일 게다. 아이들이 성장하니 내가 배우는 것보다는 아이들의 뒷바라지가 우선시되기도 하고, 이렇게 저렇게 포기하고 또 정리해가며 살다보니 이 나이까지 오게 됐다. 해가 바뀌면 과수나 나무들 가지를 쳐 주듯 이것저것 쳐내고 보니 이젠 시간은 많은데 노후에 즐기며 할 수 있는 게 아주 제한되고 말았다.

이제 아이들도 장성해 우리 곁을 떠나가고, 이제 시간도 많은데 어렸을 때 가끔 칭찬도 듣던 그림을 다시 그려볼까 기웃거려보니

보통 어려운 일이 아니었다. 수채화는 말갛게 그려야 아름다운데 늙어 무디어진 감성과 탁해진 눈이 그림에 얹히지 못했다. 아크릴은 아크릴대로 어려웠다. 하긴 모든 일이 짧은 시간에 이루어지는 건 쉽지 않을 뿐더러 체력도 따라주지 못했다.

밤늦은 시간 잠은 멀리 있고 새벽은 아직 멀리 있다. 백지에 연필로 끄적거리듯 시작한 그림이 요즘엔 그리는 그 재미에 빠져 겨울밤이 길지 않다. 그것도 쉽지는 않다. 흑연의 단 한 가지 색으로 농담과 음영을 구분해야하기 때문이다. 대부분의 그림이 접하기 쉬운 꽃그림부터 시작했는데 그리다보니 나름 매력이 있다. 화첩을 보여주며 자랑질하는 나에게 보는 이들이 가끔 칭찬도 해주니, 늙은 고래가 물색없이 춤을 추어댄다. 하긴 그렇게 들이대는 사람에게 어찌 칭찬에 인색할 수가 있겠는가?

어찌됐든 딴 놀이보다 장점이 많다. 첫째는 돈이 안 들고 물리적으로 힘도 안 들고, 재료 구하기가 쉬울 뿐 아니라 팽개쳤다 다시 시작해도 물감이나 아크릴처럼 마르지도 않고……. 인터넷에 들어가 보면 기초부터 무료로 가르쳐주는 선생님도 있고……. 어떤 이는 색을 입혀보는 건 어떠냐 하지만 이상하게 색깔을 벗겨버린 후 연필그림은 더욱 매력이 있어졌다. 그 유혹을 떨쳐내는 것도 쉽지 않았다.

“1만 시간.” 나에게 그림 그릴 수 있는 1만 시간이 주어질지도 모르고 그 후에 뭐가 어떻게 달라질지는 모르겠지만, 이렇게 겨울비가 억수로 쏟아지는 깊은 밤에 검은 모란을 그려내고 하얀 목련도 검게 그려내고 있다. 이러다 보면 멀리 있던 잠도 슬며시 다가오고 새벽은 기다리지 않았는데도 제풀에 희뿌옇게 열린다.

삼십 여년 한 번도 경적을 울리지 않은 의지의 한국인이 또 다른 새벽을 맞는다.

봄

서울에서 살다가 난리가 나면서 영문도 모르는 계집아이는 엄마 손에 이끌려 부산까지 피난을 갔다가 서울이 수복되면서 되돌아가는 중간쯤, 외가가 있던 시골마을에 엄마는 잠시만 의탁한다는 마음으로 짐을 풀었다.

포성은 오래전 멈췄지만 전쟁터로 떠난 아버지는 돌아오지 않고, 서울 부산 쪽으로 오르내리는 기차엔 후줄그레한 군복을 입은 병정들이 수시로 오르내리고, 녹녹치 않은 삶 속에 그래도 잊지 않고 찾아오는 봄이었다. 새로운 좋은 일이 생길 것 같은 따스한 햇볕은 모두에게 공평하게 내려앉고 있었다. 노랗게 변한 잔디 속엔 숨듯이 보라색 제비꽃이 피어있고, 아기 귓불 같은 햇쑥이 양지 바른 곳에 돋아나고 있었다. 검고 기름진 두엄 속에선 누가 물을 끓이듯 김이 모락모락 피어올랐다. 우리 계집아이들은 소쿠리와 칼을 들고 나물 캐러 사공이 저어주는 나룻배를 타고 맑고 찬 강을 건너 이곳에 와, 나란히 둔덕에 걸터앉아 꽃이 피기 시작한

자운영 밭을 내려다보고 있었다. 유난히 나비가 많은 탓도 있지만, 지천으로 깔려있는 봄나물은 굳이 서둘지 않아도 각자의 소쿠리를 충분히 채울 수 있기 때문이기도 했을 것이다. 밭 한켠에 한겨울에도 얼어 죽지 않고 버틴 굵고 큰 파 몇 뿌리가 질서 없이 서 있다. 우린 각자의 칼을 던져 빙글빙글 돌다 밭에 꽂히는 것을 보고 있었다. 부엌칼도 있고 주머니칼도 있다. 각양각색의 칼들은 흙에 꽂히기도 하고 나동그라지기도 했는데, 무엇이 그리 우스웠을까 까르륵대며 시간 가는 줄 몰랐다.

얼마를 그러고 놀았을까? 논둑길이 끝나는 동네 어귀에서 할아버지 한 분이 장죽을 휘두르며 우리 쪽을 향해 달려오고 있다. 뭐라 고함을 치는데 알아들을 수는 없고 걷어 올린 바지와 앞섶이 풀어 헤쳐진 모양새는 뭔가 화급을 다투는 일인 건 분명하니 각자의 빈 소쿠리를 챙겨들고 우린 죽자 살자 하고 뛰어 도망쳤다. 왜 도망을 쳐야 하는지 우리 중에 아는 애는 없는 것 같은데, 거기엔 우리 밖에 없으니 튀어야지……. 한 움큼의 강물로 목을 축이면서, 서로의 얼굴을 보고 우린 또 웃었다.

오랜 세월이 흐른 후 늙수그레한 동네 아주머니에게서 자운영의 어린 싹은 맛있는 나물이 된다는 걸 그제야 알았다. 눈앞에서 팔랑대던 하얀 나비 떼, 너무도 멀리 떠나온 세월 속에서 잠깐 양팔을 휘저으며 허위허위 뛰어오시던 할아버지도 실은 하나의 커다란 나비가 아니었을까? 이국의 하늘 밑에서 하얀 머리를 이고 앉아 먼 옛날 속에서 허우적대고 있다.

헬로 쎄미

쎄미는 위층에 사는 인도 여자의 아기 이름이다. 엄마 뱃속에 담겨 이사 왔는데, 어느새 자라서 잘도 걸어 다닌다. 얼마 전 돌 케이크 을 얻어먹고 옷 한 벌을 사다줬더니 오늘 그 옷을 입고 내려 왔다. 나는 셀카로 요모조모로 찍는데, 쎄미가 자꾸 움직여서 도무지초점 맞추기가 쉽지 않다. 쎄미는 인형처럼 이쁘다. 눈이 크고 흰자위가 거의 파란색으로 긴 속눈썹이 매력적이다. 늙은이가 애교도 부려보고, 까꿍도 해보고……. 나는 좀 안아도 보고 만지고 싶은데 도무지 곁을 주지 않는다. 손주들이 크고 나니 아기들 보기가 쉽지 않은 요즈음이다. 나는 톡으로 딸에게 사진을 보냈다.

"엄마 정말 이쁘네, 난 엄마가 아기 좋아해서 애기 들을 때마다, 울 엄마 또 꽂혔네 하고 생각했었는데……."

어릴 적에도 나는 아기들을 좋아해서 짬만 되면 동네 아기들을 업어주었는데, 등짝에 코 묻히고 침 묻히고 다닌다고 언니에게 자주 쥐어 박히기도 했었다. 심지어 뜨듯하게 등에 오줌을 싸도 아기를 내리라고 할까봐서 말 안하고 그냥 업고 다녔다. 요즘처럼 기저귀가 잘 마련된 시절도 아니어서, 아기가 한 번 오줌을 싸면 새어버린 아기 오줌이 등허릴 펑 적시곤 했었다. 아기가 등에서

잠이 들면 또 그런대로 업고 다니고…….

우리 집은 아주 추울 때를 제외하곤 대부분의 낮 시간엔 현관문을 쇠고리만 걸어 열어두는데, 우리 집 현관 앞을 지나가야만 올라갈 수 있는 쎄미네 엄마나 아빠는 지나 갈 때마다 내가 보이지 않아도 "그랜 마, 그랜마."하면, 나는 안에서 무슨 일을 하다가도 "쎄미 쎄에미."하고 운율까지 붙여 목청을 돋우곤 한다. 쎄미와 나의 관계를 도와주려고는 하지만 여의치가 않다. 그나마 나한테는 변덕나면 아주 잠깐씩 안기기도 하고 인도 말로 자기 엄마가 뭐라 뭐라 하면 볼에 '쪽' 뽀뽀를 하기도 한다. 그런데 우리 남편은 영 낯설어하고 무슨 희귀동물 보듯 한다.

그러던 어느 날 내 뒤에 앉아 있으면 고개를 요렇게 기울여 들여다보는데 그만 열린 문에 머리가 끼이고 말았다. 아이는 자지러지고 엉거주춤 뒤에 앉은 애기 아빠의 얼굴이 벌겋다. 문을 좀 더 여며야 고리를 빼낼 텐데 쉽지가 않다. 금세 아이의 얼굴이 눈물 콧물로 범벅이 된다. 시커멓고 털이 숭숭 난 곰 같은 아빠의 손이, 아이의 곱슬머리 머리통을 살살 어루만지더니 빼내어 안고 일어난다. 다행이다. 위층에서 아이 엄마가 무슨 일인가 하고 내려다본다. 나는 웃으며 아무 말도 하지 않았다. 쎄미 아빠도…….

십여 년 전, 손주 아이들이 어릴 때, 두 살 네 살이든가? 같이 있던 즈이 엄마가 잠시 뜰에 나간 사이 위엣 놈이 소파 등받이를 딛고 올라가 쇠고리를 걸이 잠가비렸다. 기는 건 어떻게 걸었는데, 밖에서 아무리 설명을 해도 빼는 걸 못해서 안에 있던 두 녀석이 눈물 콧물로 엉망이 되도록 울고 난리를 피운 적이 있었다. 조금

열린 문 사이로 손도 잡아주고 괜찮다 달래도, 소리소리 질러가며 우는 통에 즈이 엄마도 정신이 하나도 없는데, 이웃 사람이 연락해서 한참 뒤에 경찰이 와 체인을 끊고 사건이 마무리된 적이 있었다. 손녀가 생각하기엔 그 엄청난 일이 저 때문에 일어났으니 겁도 났을 게다. 뻔히 보이는 지척에 있어도 체인은 안과 밖을 단절시키는 도구다. 밖에 있는 이도 못 들어오게 하고 안에 있는 사람도 어떤 행위를 하지 않으면 영어의 몸인 게지…….

이도 저도 아니고 중간에 끼면, 울 일이 생긴다. 쎄미처럼…….

하이고 이쁜 쎄미…….

어머니의 물김치

옛날에 짚신을 삼아 파는 아버지와 아들이 있었다. 그런데 늘 장에 팔러 나가면 아버지의 물건이 먼저 다 팔린 후 에야 아들이 만든 짚신이 손을 타기 시작하는데, 아들은 그 이유를 몰라 답답하기만 했다. 여러 해 후 아버지가 임종하시면서 "터-얼 터-얼"이라 말하고 숨을 거두셨다. 삼은 짚신에 붙은 검불을 잘 정리하라는 말씀이다. 또 늘 해놓은 빨래가 며느리의 그것보다 더 깨끗한 시어머니의 빨래, 시어머니 돌아가시면서 "꼬-옥 꼬-옥"이라 말하고 숨을 거두셨다. 빨래를 꼭꼭 짜서 널어야 빨래가 곱고 깨끗하다는 옛날 얘기다.

나는 살아 온 세월보다 아무래도 남은 세월이 훨씬 적은 나이이다. 딱히 자손들에게 '터-얼 터-얼' 할 일도 없는 것 같고, '꼬-옥 꼬-옥'하고 감추어 두었다가 마지막 가는 마당에 할 말도 없으니, 갑자기 어찌 된다 하여도 대물림하지 못해서 애석할 것 없어 다행이라는 생각도 해본다.

하지만 나만이 잘할 수 있는 게 하나도 없다는 것, 짧지 않은 한평생을 살면서 '이것만은 누가 뭐래도 나야' 하는 게 하나도 없다는 것은 약간은 슬픈 일이라 할 수 있겠다.

우리 어머니는 물김치를 참 맛있게 담그셨다. 배추김치보다 맛있는 정점에 머물러 있는 기간은 짧지만, 잘 익힌 물김치는 시원하고 달큰하며 짭쪼름하면서 코리코리한 젓갈냄새가 약간 어우러진 그 맛은, 먹어보지 않은 사람은 말을 말아야 한다. 늘 같은 그 맛은 어머니 나름 계량되는 모든 재료에서부터 나오는 것 같았다. 그 물김치는 우리 가족의 행사에 빠지지 않는 메뉴였다. 증손주들의 백일, 돌에서부터 중국집에서 치르는 아들의 생일, 또는 명절 때 언제든 식구들의 모임이 있을 때면, 날짜를 계산해서 미리 담그시고 익힌 후 차게 식혀서 식탁에 오를 수 있도록 만드신다. 늘 최고의 맛일 때를 모이는 날짜에 맞추어……. 국 좋아 하는 동생들은 아예 국처럼 한 그릇씩 각자 따로 옆에 놓고 떠먹었다.

"맛 있다, 맛있다."

"엄마, 참 맛있네."

잘 먹는 걸 보는 어머니도 행복해하시지만, 건강하셔서 김치를 담글 수 있다는 것 또한 모든 자손들의 복이기도 했었다. 그건 또 숨찬 이민 생활의 산에 오르다 마시는 오색약수 같은 것이었다. 그 물김치를 집집마다 돌아가며 담가주시기도 했었다.

"김치 해놓았으니 통 가져와 가져가라." 전화하실 때는 그 당당함이 가히 장군님이다. 얼마 전 김치 가지러 갔다가 "내가 좀 배워야 할 텐데, 어떻게 담그나……."

"배울 거나 뭐 있냐?"

그렇게 말씀하시면서도 "우선 국물 량 대중해서 밀가루를 약간만 풀어서 끓여, 끓일 때 한 국자 쯤 젓국을 넣고, 식혀놓은 다음에, 배추 무를 나박나박 썰어놓고, 고추를 물에 불려서 체에 걸러,

국물만 빼내고 미나리는……."

여기까지 잘 나가다가, 어머니가 갑자기 화를 벌컥 내셨다.

"야, 내가 금방 죽기라도 하냐?"

"아이구. 깜짝이야, 맨날 얻어다만 먹으니 미안해서 그러지 뭐, 엄마느은……."

사실 미안키도 했었지만, 꼭 그 이유만은 아니다. '전수받아야 할 거면 아무래도 내가 젤 편할 것 같으니 배워둬라.'하고 먹어 본 이들의 권유에 약간 고무되긴 했지만, 나도 무서워 그 후론 말도 못 꺼내고 얻어다만 먹었었다. 우리 어머닌 연세가 좀 많으시다. 90을 넘기셨으니 적다 할 수는 없는 연세시다. 그래도 특별히 아픈데 없고 부지런하시다. 웬만해선 물김치 담아달란 말은 거절하지 않으셨다. 재료값이라도 드릴라 치면, '전에 너한테 얻어먹고 갖다 먹은 게 얼만데 돈을 받냐?'라 하시며, "너한텐 안 받는다, 안 받아."라고 하신다. 그럼 올케들한테서는, 재료값을 받으시나 궁금했지만 난 물어보지도 못했다.

나는 생각한다. 어머니의 김치비법은 어머니만이 갖고 계시는 "터-얼 터-얼", "꼬-옥 꼬-옥"이 아닐까?

내가 남보다 잘 할 수 있는 것이 있다는 것은 살아가는 활력소이기도 하고 당당함이나 즐거움이 아닐까?

오래 오래 어머니의 물김치를 먹고 싶었었는데 어머니는 지금 내 곁에 계시지 않는다.

건망증

어느 택시 안에서 "기사 아저씨, 동대문이요"라고 말하자 기사 아저씨가 "네, 알겠습니다."고 말한다. 그렇게 한참을 달리던 택시 속 승객 아가씨가 긴장하며 묻는다. "저 기사 아저씨, 제가 아까 어디로 가자구 했죠?" 그러자 택시기사가 화들짝 놀라 뒤돌아보며 "어라, 당신 언제부터 거기 있었어?"라고 묻는다. 한 번쯤은 들어본 건망증에 관한 우스갯소리다.

나는 하루에 몇 종류의 약과 보조영양제도 먹는다. 젊어서는 차돌같이 야무지다는 얘길 들었건만 이젠 치료로도 예방으로도 약을 먹게 되었다. 아침에 먹어야 할 약과 저녁에 먹는 약, 한 달에 한 알 먹는 약, 몇 종류를 먹다 보니 잊고 안 먹는 일이 자주 생긴다. 영양제나 예방약으로 먹는 것은 뭐 가끔 건너뛰어도 별 탈 없겠으나, 꼭 챙겨야 되는 약을 잊는다. 그래서 나름 꾀를 내봤다. 모든 약 병을 마른 찬장 안 앞쪽에 일열 횡대로 나란히 세워놓았다. 키가 작고 땅딸한 플라스틱 병, 홀쭉하고 목이 긴 병, 갈색 유리 병

등……. 그렇게 해놓고 처음 제 시간에 먹은 후 맨 오른 쪽으로 옮겨 놓는다. 다음 것을 먹고 난 후엔 다시 맨 오른 쪽으로 그러니까, 자기 전에 보아서 나중에 먹은 약병이 맨 오른 쪽에서 향도가 되어있으면, 그날은 순서대로 잘 지켜 먹은 꼴이 된다. 그렇게 열심히 챙겨도 어느 날은 뒤 엉켜서 향도가 되어 있어야 할 약병이, 어중간한 위치에서 우울하게 있는 것을 볼 때도 있고, 방금 입에 털어 넣은 알약이 식도를 타고 내려가고 있을 때, "에고 아까 먹었는데……." 하고 켁켁거리기도 한다.

장 보러 가기 전엔 꼭 메모를 하라며 성화를 해대는 남편(남편은 메모를 습관처럼 잘 한다.) 때문에 필요한 것들을 적긴 하는데 적은 메모지를 냉장고 옆구리에 붙여 둔 채 그냥 가기도 하고, 가져가서는 주차장 저 끝에 세워둔 차 안 기어 변속기 옆에 두고 내리곤 매장 안에서 손가방을 뒤진다. 또는 내일 꼭 들고 외출해야 될 물건을 비닐에 싸서 신고 나갈 신발 속에 넣어두기도 하지만, 이튿날 신을 신으며 "이건 뭐야?"하고 꺼내놓는다. 그래도 해본 것 중에 가장 효과적인 방법은, 꼭 챙겨가야 할 물건이 생각났을 때 얼른 비닐에 담아 핸드백 손잡이에 묶어놓는다. 다음날, 바쁘게 가방을 들고 일어서면 달린 비닐 뭉치가 부스럭거리며 따라 일어난다. 저 쪽에서 뭘 가지러 이쪽으로 왔는데 금방 잊었다. 그럴 땐 얼른 그 자리로 되돌아가서, 같은 포즈를 잡으면 생각이 나기도 한다. 한국 식품점에서 만난 젊은 댁이 반갑게 인사한다. 도대체 누군지 기억이 안 나는데도 아는 척하며 "아, 잘 지내시죠?" 해놓고 집에 와서 머릿속을 뒤적인다. 어디서 봤나 어떻게 알고 지낸 사이였었나……. 가게에서 만났던 일조차 뭉뚱그려 잊으면 좋으련만 그러진 못하고 누군지가 궁금하다. 그날 밤은 그러지 않아도 줄어 든 밤잠을 고스란히 반납하고 만다.

사람은 25세 이후부터, 하루에 12,000개의 뇌세포가 죽는다고 한다. 내 나이로 계산해서 대략 50을 곱하면 그 엄청난 숫자의 뇌세포가 죽었으니 좀 건망을 한들 그리 큰일도 아니란 생각도 들지만, 그렇게 많이 죽었어도 전체 뇌세포 수 중 2%밖에 안 된다니 도대체, 뇌세포는 얼마나 많으며 써보지도 못 하고 죽을 때, 그대로 가져가는 것은 또 얼마나 많은 걸까? 그러니 지금이라도, 남아 있는 뇌세포로 기억력 회복에 관심을 가져보면, 몸이 덜 고달프지 않을까 하는 생각을 해본다.

사람에겐 기억해야 할 것과 꼭 기억해야 될 것, 잊어야 할 것과 꼭 잊고 버려야 할 것이 있지 싶다. 은혜를 입었다든가 누군가로부터 사랑을 받고 있는 것 등은 꼭 기억해야 될 것이고, 섭섭했던 마음이나 슬펐던 기억 힘들었던 일들은 잊어야 할 것이겠지…….

밥상을 차린다. 반찬을 식탁에 올리고 찌개도 적당히 끓었고 밥만 푸면 되는데, 남편이 출출한지 차려진 반찬을 지분댄다.

"잠깐만요, 다 됐어요."

몇 줄 안 남은 원고를 독수리 타법으로 공략 중이기 때문이었다. 그리곤 밥솥 뚜껑을 연다. 김이 물씬 올라오는 밥 대신 말간 물속에 잡곡과 섞여 있는 할맥이, 붓기 덜 빠진 쌍꺼풀처럼 통통 부어 나를 올려다본다.

여자들은 아기 낳을 때의 산통이 건망증의 원인이 될 수도 있다는데 의학적으로 근거가 있는지는 잘 모르겠다. 아기도 낳아 보고 건망증도 있는 아녀자들의 핑계거리인지는 모르겠으나, 이 상황이 참으로 난감하다. '건망증, 건망증! 이놈의 건망증!' 머리에 콩콩 알밤으로 남편에 대한 미안함을 자진 납세한다.

그런데 여기서 잠깐, 얼마 전 아는 집사님이 장보고 지나가다 '맨날 밥할 생각만 하지 말고 한번 데워먹어 보라.'고 떨구고 간 즉석 밥 한 개, 그동안 잊고 있었는데, 오늘 요렇게 생각나 써먹을 줄이야. 주먹을 확 끌어 당겨 안으며, "YES"한다. 약삭빠르게 전자레인지에 데워서 밥공기에 옮겨 담아내어 놓는다.

남편은 "어, 오늘은 흰 밥이네?"한다. 이 상황에 즉석 밥 그걸 생각해 내다니. 그러고 보면 아직 난 건망증까진 아니고 그냥 건망일 뿐이야. 언제나 생각이 좀 늦게 날 뿐이니까…….

거북목이 된 여자

나는 스마트폰이나 노트북을 접한 지 얼마 되지 않았고, 이메일도 원고송고 때문에 마지못해 배웠다. 세월이 많이 바뀌어 대부분의 사람들이 이메일로 송고하고, 또 그래주길 권하는 추세이긴 하다. 원고 보낼 곳도 별로 없지만 내가 쓴 글을 손수 들고 가서, 얼굴을 마주하고 건네주기란 수월찮은, 그야말로 요즘 말로 쪽 팔리는 일이기 때문이다. 때마다 남의 손을 빌려 원고를 송고해보기도 했지만, 하다 보니 미안하기도 하고 가끔 개운치 않은 일도 생기고 해서 조카한테 이틀 밤을 열심히 배웠다. 무슨 일이든 배울 때는 힘들어도 알고 보면 별거 아닌 것처럼, 잘 못 다루면 폭발할 것만 같이 무섭기만 하던 노트북이 이젠 좀 익숙해졌다. 느린 독수리 타법이긴 하지만 원고 송고에는 무리가 없다. 그래도 원고 보낼 때만 쓸 뿐, 개인적인 메일은 별로 쓰지 않는다. 아직도 마지막으로 '보내기 키'를 누를 때면, 그냥 날아가 버리진 않을까 주저하기도 하고, 원고를 송고해놓고도 잘 들어갔는지, 회신을 받기

전까진 불안하다. 남의 집으로 가진 않았을까? 공중에 떠돌아다니진 않을까? 그야말로 디지털시대에 몸담아 살고 있으면서도 멘탈은 아날로그시대 저 뒤쪽에서 따라오지 못하고 허우적대고 있다. 한 마디로 무식하기 이를 데 없는 그냥 할머니일 뿐이다. 흰 지팡이만 짚지 않았지 그야말로 컴맹이다. 인터넷을 배워서 쓰니 편한 것도 있지만, 난 아직도 몽블랑만년필을 말하며 빨간 줄로 그어진 원고지에 글 쓰던 그 시대를 향수처럼 그리워하고 있는지도 모른다. 어렸을 적엔 잘못 써진 원고지를 구겨 던져 흩어져 있는 것도 '지식인의 고뇌를 보는 것 같아 좀 멋져 보인다.'고 생각한 적도 있었으니까…….

늦게 배운 도둑질이 밤새는 줄 모른다고, 고놈의 스마트폰을 가지고 노는 재미도 쏠쏠하다. 시시각각 올라오는 고국의 뉴스들을 아무데서나 쉽게 볼 수 있고, 요즘엔 고국에서 큰일이 터져 매일 매일 검찰이다, 특검이다, 보기 드물게 헌재까지 열리며 수갑 찬 사람들이 속보로 연이어 화면에 뜨고 있다. 묻고 대답하고, 또 묻고 대답하고……. 자주 보다보니 전엔 전혀 모르던 정치권을 들여다보기도 하고, 전엔 모르던 법적 용어도 많이 알게 됐다. 들어가는 이들이 한결 같이 묻는 말에 성실히 답하겠단다. 어떤 게 성실한 답변인지는 잘 몰라도, 같은 문제를 자꾸 반복해서 묻는 것을 보면 거짓말도 많이 하는 것 같던데……. 그중에서도 전화기가 사달이 되어 터지는 일들도 억수로 많다.

전화가 없었던 옛 시절이 있었다. 누구든 어쩌다 시외에 급한 일이라도 전할 일이 있으면, 우체국에 가서 시외전화 신청을 해놓고, 한참을 기다리면, 신청자의 이름이 호명되고, 공중전화 부스 같은 분리된 공간에 들어가서 소리소리 질러가며, 통화를 하곤 했었다. 얼마 후, 백색전화와 청색전화가 나왔다. 흔치 않던 백색전화는 주로 사업을 하는 이들이 썼던 것 같고, 사고팔기도 할 수 있어 일종의 프리미엄까지도 붙어 거래됐던 걸로 기억된다. 그리고 청색전화는 지역 전화국에서 신청을 받아 순서대로 일 년에 몇 가구씩 전화를 달아주곤 했었다.

우리 부부도 전화를 신청하기로 하고 서류를 준비했다. 그런데 그날따라 아기가 탈이나 지난밤에 좀 보챘고, 날씨마저 꽃샘추위로 쌀쌀하고 바람까지 불었다. 출근하려던 남편은 쭈그리고 앉아 아랫목에 뉘어있는 딸아이를 걱정스레 내려다보더니 "다음에 하지. 애기도 아픈데……."라 말한다. 오늘 전화를 신청하러 갈 거란 걸 알고 있던 터였다. "괜찮아요. 폭 싸 업고 갔다 올게요."라 말했더니, 그 말이 불만인 듯 남편의 얼굴이 보기 드물게 어두워진다.

"알았어요, 알았어."하고 그날을 꼼짝 없이 집안에서만 보냈다. 그 다음날은 3.1절이라서 쉬고, 그 이튿날 아기도 많이 나아 진 것 같아 전화국에 가서 접수를 해놓았다. 언제 전화가 개통될지 모르지만 보험 들어놓은 것 같이 든든했다. 몇 개월 후 같은 아파트 사는 동갑나기 친구가 전화가 나왔다고 자랑이다. "어라 이상하네. 왜 우린 안 나왔지? 비슷한 시기에 신청했던 걸 내가 기억하는데……." 여러 날을 끙끙대다가, 전화국에 가서 알아보니, 이번에 전화번호 받은 사람은, 2월말까지 신청한 사람에게만 해당됐다고 설명한다. 속상하고 약이 올랐다. 아기 아프다고 신청을 미루게 한 남편 때문이라는 생각도 들긴 했으나, 어쩌랴 기왕지사 그리 된 걸……. 우리는 그 후, 만 일 년을 더 기다린 후 까만색 다이얼 전화가 개통되었다. 전화가 나온 그날은 지나가는 모르는 이에게도 소리쳐 말하고 싶었다. 우리 집도 전화가 나왔다고…….

신혼 초 시댁 큰형님은 백색전화를 쓰고 계셨다. 형님 댁은 우리 집과 남편 회사의 중간쯤에 있었다. 남편이 예기치 않게 늦게 퇴근을 해야만 할 때면, 그때 중학생이던 조카가 일부러 버스를 타고와 정류장에서 서성이고 있던 나에게 "삼촌, 오늘 늦는 대요." 한마디하곤 되곱쳐 돌아가곤 했다. 남편의 부탁이었을 게다.

그 시절을 생각하면, 지금의 통신수단은 말로 할 수 없는 발전을 한 거다. 어찌 보면 모두 작은 방송국을 하나씩 갖고 있는 것 같이 다양한 기능을 갖고 있는 것에 그저 놀랄 뿐이다. 거기에 절대적으로 부응하지 못하는 나는 아날로그의 끝자락에서 겨우 체면을 유지하며, 그저 따라가기 버거운 디지털의 세계를 경외의 눈길로 바라본다. 얼마 전 한국에 가선 연로하신 엄마와 함께 사진도 찍어 저장하고, 맛있는 음식을 먹기 전에 사진부터 찍고 이모티콘까지 얹어 아는 이들에게 전송하며 젊은 애들 흉내도 내보았다.

어쨌건 시시각각 뜨는 뉴스는 많은 시간 폰을 들여다보게 했다. 사진기로도 쓰고, 보내기도 받기도 했다. 흥이 나서 간간이 이모티콘까지 골라 얹는 이 행위가 나름 디지털 구름에 한 발 얹은 것 같아, 재미와 묘한 감정이 스멀거리며 나를 미소 짓게 했다.

그런데 어느 날부터 목이 뻣뻣해지더니 어깨까지 통증이 오기 시작했다. 며칠 후부터는 고개도 돌아가지 않고 머리통이 무겁고 두통까지 시작됐다. 자다가 무의식적으로 돌아눕다가 통증으로 깜짝 놀라 잠이 깨기도 했다. 겉으론 멀쩡한데 고통은 도를 넘어서고 있었다. 덕지덕지 바른 파스로는 감당을 못하고 있었다. 참고 견디다 못해 한의원에 가서 침도 맞고 뜸도 뜨고 마사지도 받았지만, 안 쓰던 늙은 근육들은 혹사한 것에 대한 보복일까 바위처럼 결속되어서 좀체 풀리지 않아 애를 먹었다. 아직도 완벽하게 낫진 않았지만, 그렇다고 아주 안 볼 수 없어 이젠 아예 목베개를 베고 누워서, 허공에 전화기를 들고, 보고 치고 보낸다. 또 목을 구부리지 않으려고 소리를 크게 해서, 저만큼 던져 놓고 귀로 듣기만 하기도 한다.

"거북목."

고국에서 벌어지는 일들이 내가 애태운다고 해결될 일도 없을 뿐 아니라, 모른 척 한다고, 될 일이 안 될 리도 없지만, 자꾸 관심이 가는 것은, 내가 가지고 있는 정서가 그곳에 뿌리를 두고 자랐고 영근 내 나라이기 때문일 게다. 나 같은 할머니는 정치는 몰라도 괜찮고 법률 용어 하나도 몰라도 내가 지켜야할 법 잘 지키고, 건강한 생각으로 나라가 잘되길 응원하면 될 것을, 어쩌다 거북목이 되어 힘들어 하고 있는 걸까.

그런데 며칠 전, 뭘 잘 못 만졌는지 순식간에 스마트 폰에 저장되었던 자료가 모조리 사라져버렸다. 내가 한국을 다녀온 후 얼마 후에 돌아가신 엄마의 장례식 동영상, 꽃관에 누워 계시던 마지막 사진까지를 요즘엔 반대로 내가 보내줬던 사람에게서 되돌려 받는다. 그러고 보면 디지털이 무조건 좋은 것만은 아닌 듯하다. 어떻게 보면 디지털에 휘둘리던 내가 항변할 수 있는 커다란 빌미를 제공 받은 건 아닐까 하고 얍삽한 생각을 해본다.

인터넷이 고장이 나서 한국 티브이가 안 나오고, 휴대폰도 집전화도 불통이 된 적이 있었다. 노트북은 되나 하고 열어보니 그것조차 먹통이었다. 이럴 때 내가 고칠 수는 없다 쳐도 누구에게 어떻게 무엇이 안 된다 설명해서 원격조정만 되어도 황송할 텐데,

도무지 용어조차 전달이 안 되니 결국 누군가에게 구조를 요청해야만 한다. 집안이 꼭 고분 속 같다. 할일도 없고 들리는 것도 없고…….

이틀을 버팅기다 오기가 생겼다. 이참에 그냥 살아보기로 남편과 합의를 보았다. 일부러 산속으로 들어가는 사람들도 있던데 뭐……. "당신은 책 읽고, 나는 그림 그리고." 그 무렵 나는 연필 소묘에 빠져 시간가는 줄 모르고 있었다. 세상 조용했다. 얼마 후, 저만큼에서 책보는 줄 알았던 남편이 소리 지른다.

"여보, 윤동주의 대표시가 뭐지?"

"서시!"

"김태원이 이끄는 록 밴드는?"

연예 쪽은 관심 없던 남편은 아마도 십자 낱말풀이를 하고 있었던 모양이다. 왜 좋아하는 책읽기는 않구?

나는 주섬주섬 다락을 뒤져 포터블 턴테이블을 꺼내들고, 우스운 몸짓으로 남편에게 고한다.

"폐하, 아직도 나에겐 한 척의 라디오가 있사옵니다."

유명한 여자 가수가 목이 쉬도록 계속 '겨울비'를 부르고 있다. 디지털에 길들여 지지 않는 늙은 부부는, 아무 말 없이 겨울비 오는 밖만 내다보고…….

이 도서의 국립중앙도서관 출판예정도서목록(CIP)은 서지정보유통지원시스템 홈페이지(http://seoji.nl.go.kr)와 국가자료종합목록 구축시스템(http://kolis-net.nl.go.kr)에서 이용하실 수 있습니다.
(CIP제어번호 : CIP2019039163)

이경자 수필집

꽃길에서 생긴 일

초판인쇄일 2019년 10월 25일
초판발행일 2019년 10월 31일

지은이 : 이경자
펴낸곳 : 도서출판 문학공원
발행인 : 김순진
편집장 : 전하라
디자인 : 김초롱
등 록 : 2004년 3월 9일 제6-706호
주 소 : 우편번호 03382 서울 은평구 통일로 633
녹번오피스텔 501호 스토리문학사
전 화 : 02-2234-1666
팩 스 : 02-2236-1666
홈페이지 : http://cafe.daum.net/yob51
이메일 : 4615562@hanmail.net